Perry Anderson

Nach Atatürk
Die Türken, ihr Staat und Europa

Aus dem Englischen von Joachim Kalka

BERENBERG

Der Kemalismus

Die bedeutendste Wahrheit, die nach der Wende des Jahres 1989 zutage trat – so schrieb J. G. A. Pocock zwei Jahre später –, »ist es, dass die Grenzen des sogenannten Europa nach Osten hin überall offen und unbestimmt sind. ›Europa‹ ist, wie man nun sehen kann, nicht ein Kontinent (wie im Traum der antiken Geographen), sondern ein Subkontinent: eine Halbinsel der eurasischen Landmasse. Es ähnelt Indien darin, dass es von einer höchst charakteristischen Gruppierung sich untereinander austauschender Kulturen bewohnt wird, doch es unterscheidet sich von ihm dadurch, dass es keine klar markierte geographische Grenze besitzt. Anstelle von Afghanistan und dem Himalaya erstrecken sich weite, ebene Flächen, auf denen das konventionelle ›Europa‹ in das konventionelle ›Asien‹ übergeht, und die meisten Reisenden hier würden den Ural wahrscheinlich nicht wahrnehmen, wenn sie ihn je erreichten.«[1]

Aber, so fuhr Pocock fort, für die großen Reiche – zu denen man in ihrer Art die EU zählen muss – bestand immer die Notwendigkeit, den Raum ihrer Machtausübung klar zu fixieren und die Grenzen der Angst oder Anziehungskraft ringsumher präzise festzulegen.

Anderthalb Jahrzehnte später hat diese Frage greifbarere Formen angenommen. Nach der Aufnahme aller Staaten des einstigen Comecon-Bereichs sind nur noch die unordentlichen Restbestände der ehemaligen unabhängigen kommunistischen Staaten Jugoslawien und Albanien, die sieben kleinen Staaten des »westlichen Balkan«, in die EU zu integrieren. Doch dass das irgendwann geschehen wird, daran zweifelt niemand – hier handelt es sich um eine Nachzüglerzone, die weit hinter jenen Grenzen liegt, die sich bereits bis zum Schwarzen Meer erstrecken. Das große Problem der EU liegt weiter östlich, an einem Punkt, wo kein endloses

Steppengebiet das Auge verwirrt, wo jedoch nach einer alten Tradition ein schmaler Wasserstreif zwei Welten trennt. Niemand hat je den Bosporus übersehen. »Jedes Schulkind weiß, dass Kleinasien kein Teil von Europa ist«, rief Sarkozy den Wählern auf seinem Weg in den Elyséepalast zu und versprach ihnen, das solle auch so bleiben – eine Zusage, die so verlässlich war wie die Inszenierung seiner eigenen Ehe im Wahlkampf. So lässt sich das türkische Problem aber nicht behandeln. Innerhalb der EU herrscht seit geraumer Zeit ein überwältigender Konsens, dass die Türkei uneingeschränktes Mitglied werden solle. Das schließt nicht aus, dass die eine oder andere Regierung gelegentlich noch einmal nachdenklich wird und schier anderen Sinnes werden möchte – Deutschland, Frankreich, Österreich haben alle derartige Bedenken gezeigt –, aber jeglicher politischen Konsequenz solcher Gedanken steht eine hohe Schranke einhelliger Medienmeinung gegenüber. Die Medien sind sich hier in viel höherem Maße einig und befürworten den türkischen Beitritt nachdrücklicher als der Ministerrat oder die Kommission selbst. Hinzu kommt, dass noch niemals ein Land, das als Kandidat für den EU-Beitritt akzeptiert wurde, nach Aufnahme der Verhandlungen am Ende zurückgewiesen worden wäre.

Die Ausdehnung der EU auf das Gebiet des Warschauer Pakts bedurfte keiner großen politischen Verteidigung oder langen Überzeugungsarbeit. Die Länder, um die es ging, waren alle unbestreitbar europäisch, wie immer man den Begriff auch definieren wollte, und sie hatten sämtlich – wie allgemein nur zu gut bekannt – unter dem Kommunismus gelitten. Sie in die EU aufzunehmen, das bedeutete nicht nur, einen alten Riss durch den Kontinent zu heilen, es hieß auch, den Osten für sein Unglück nach 1945 zu entschädigen und das schlechte Gewissen des Westens angesichts der so verschiedenen Schicksale der jeweiligen Regionen zu besänftigen. Die neuen Mitgliedsstaaten bildeten natürlich auch ein strategisches Glacis vor der Grenze zu einem möglicherweise wiedererstarkenden Russland und boten ein Reservoir billiger Arbeitskräfte in unmittelbarer Nähe. Die in diesen Fällen unbestreitbare Logik lässt sich aber nicht so ohne weiteres auf die Türkei übertragen. Dieses Land ist schon lange eine Marktwirtschaft mit freien Wahlen, es ist eine Säule der NATO und liegt heute weiter von Russland entfernt denn je. Es mag den Anschein haben, als ob nur das zweite der für Osteuropa angeführten Motive, das wirtschaftliche, hier zuträfe – ein nicht unwichtiges Motiv natürlich, aber doch eigentlich nicht geeignet, die hohe Priorität zu erklären, die der Beitritt der Türkei für Brüssel seit längerem hat.

Trotzdem kann man eine gewisse Symmetrie zum Fall Osteuropas in den Hauptargumenten erkennen, die in den westlichen Hauptstädten für die türkische Mitgliedschaft vorgebracht werden. Der Sturz der Sowjetunion mag die Drohung des Kommunismus beseitigt haben, doch stellt mittlerweile – so glaubt man vielerorts – der Islamismus eine vergleichbare Gefahr dar. Er ist in den autoritären Staaten des Nahen Ostens ungeheuer stark geworden und droht auf die Immigrantenpopulationen in Westeuropa überzugreifen. Was könnte es hier für eine bessere Prophylaxe geben, als eine robuste muslimische Demokratie in die EU zu holen, die dann als Leuchtturm der liberalen Weltordnung (für eine Region auf verzweifelter Suche nach einem aufgeklärteren politischen Modell) und als Wachtposten gegen jegliche Art von Terrorismus und Extremismus fungieren könnte? Diese Argumentation kommt aus den USA, die weiterreichende globale Verantwortungszusammenhänge kennen als die EU, und sie steht im Vordergrund bei dem fortdauernden amerikanischen Druck, die EU möge die Türkei bald aufnehmen. Ähnlich wie Washington das Tempo für die Osterweiterung in Brüssel vorgab und die Positionslichter für die Rollbahnen setzte, auf denen dann die EU einflog, so hat es die Sache der Türkei schon lange vertreten, ehe Ministerrat oder Kommission soweit waren.

Doch obwohl das strategische Argument – zugunsten eines geopolitischen Bollwerks gegen die falsche Art von Islam – mittlerweile in europäischen Kolumnen und Leitartikeln zum üblichen Bestand gehört, hat es nicht ganz dieselbe Bedeutung wie in Amerika. Dies hängt zum Teil damit zusammen, dass die Vorstellung einer direkten Grenze mit dem Iran und dem Irak vielen innerhalb der EU eher unangenehm ist, wie wachsam sich die türkische Armee auch zeigen mag. Die Amerikaner haben es aus größerer Distanz leichter, hier das Gesamtbild zu sehen. Derartige Bedenken sind aber nicht der einzige Grund, weshalb das geopolitische Thema zwar zentral bleibt, aber in der EU die Diskussion nicht in dem Maße beherrschen kann wie in den USA. Denn hier hat ein anderes Argument ein sozusagen intimeres Gewicht. Die gegenwärtige europäische Ideologie sieht in der Europäischen Union die moralisch und gesellschaftlich höchststehende Ordnung auf der Welt; diese, meint man, verbinde – wenn auch natürlich bei gewissen Unvollkommenheiten – wirtschaftliche Prosperität, politische Freiheit und gesellschaftliche Solidarität in einer Weise, die kein Rivale einholt. Aber besteht nicht gerade wegen des großen Erfolges einer so einzigartigen Schöpfung eine gewisse Gefahr kultureller Selbstzufriedenheit? Riskiert es Europa nicht mit all seinen großen Leistungen, dem Eurozentrismus (schon das Wort ist ein Vorwurf) zu verfallen: eine zu homogene, zu sehr nach innen blickende Identität zu kultivieren – wo doch die Avantgarde unserer Zivilisation notwendigerweise multikulturell ist und stetig multikultureller wird?

Die Eingliederung der Türkei in die EU, so heißt es weiter, würde solche Befürchtungen ausräumen. Für die gegenwärtig lebenden Generationen liegt die schwerste Last einer allzu engen, traditionalistischen Auffassung in der umstandslosen Identifikation Europas mit dem Christentum, das die historische Leitlinie des Kontinents abgeben soll. Die größte Herausforderung für dieses christliche Erbe stellte lange der Islam dar. Was also könnte eine triumphalere Demonstration des modernen Multikulturalismus abgeben als die friedliche Vereinigung der beiden Religionen auf staatlicher Ebene und in der Zivilgesellschaft – in einem supereuropäischen System, das sich wie das römische Imperium bis zum Euphrat erstreckt? Dass die Türkei nun zum ersten Mal eine erklärt muslimische Regierung hat, das sollte kein Hindernis sein, sondern im Gegenteil eine Empfehlung für den Beitritt darstellen. Eben dies verspricht jene Umwertung zu einer multikulturellen Lebensform, welche die EU benötigt, um in ihrem konstitutionellen Fortgang den nächsten Schritt zu tun. Und was die türkische Demokratie betrifft, so wird sie – wie die neugegründeten oder wiederbelebten Demokratien des postkommunistischen Ostens auf dem Weg zur Normalität von der Hand der Kommission gestützt wurden – innerhalb der EU gesichert und gekräftigt werden. Wenn die Osterweiterung eine moralische Schuld denen gegenüber abtrug, die unter dem Kommunismus leben mussten, so kann die Aufnahme der Türkei den moralischen Schaden wiedergutmachen, der durch selbstgefällige – oder arrogante – Kirchturmpolitik entstanden ist. Europa verfügt über die Möglichkeiten, ein besserer Ort zu werden.

In derartig selbstkritischer Stimmung werden oft historische Vergleiche gezogen. Das christliche Europa war jahrhundertelang entstellt durch brutale religiöse Intoleranz – mit allen nur erdenklichen Verfolgungen, Inquisitionen, Vertreibungen, Pogromen sollten andere Glaubensgemeinschaften ausgelöscht werden, Juden oder Muslime, von den Ketzern des eigenen Glaubens nicht zu reden. Das osmanische Reich hingegen tolerierte Christen und Juden ohne Unterdrückung und Zwangsbekehrung, es erlaubte ganz verschiedenen Gemeinschaften, friedlich unter muslimischer Herrschaft zusammenzuleben, in einer prämodernen Form multikultureller Harmonie. Diese islamische Ordnung war nicht nur fortschrittlicher als ihr christliches Gegenüber, sie war auch selbst – weit davon entfernt, lediglich als das ferne Andere Europas zu existieren – ein wichtiger Teil des europäischen Mächtegefüges. In dieser Hinsicht ist die Türkei kein Neuankömmling in Europa. Vielmehr würde ihr Betritt zur EU eine Kontinuität der Vermengungen und Berührungen wieder erneuern, von welcher wir noch viel zu lernen haben.

Solcherart geht, grob gesagt, der Diskurs über den EU-Beitritt der Türkei, wie man ihn in Staatskanzleien und Internet-Chatrooms, gelehrten Journalen und Talkshows in ganz Europa hören kann. Eine seiner großen Stärken ist es, dass es zu ihm bis jetzt keinerlei Alternative gäbe, die nicht xenophoben Charakter hätte. Seine Schwäche liegt in der Naivität des Bilderbogens, aus dessen handkolorierten Figurinen er bei genauem Hinsehen zusammengefügt ist – es sind dies Bilder, welche eher verdecken, worum es beim Beitrittsversuch der Türkei tatsächlich geht. Jede Abwägung dieser Fragen muss unbedingt mit dem osmanischen Reich beginnen. Denn der erste und grundsätzlichste Unterschied zwischen dem türkischen Kandidaten und all den osteuropäischen Beitrittsländern liegt darin, dass die EU es hier mit dem Abkömmling eines imperialen Staates zu tun hat, der lange Zeit eine weit größere Macht darstellte als irgendein Königreich des Westens. Um diese Abkunft zu begreifen, ist ein realistisches Verständnis der Ursprungsform jenes Reiches notwendig.

Das osmanische Sultanat verhielt sich bei seiner Expansion nach Europa zwischen dem vierzehnten und sechzehnten Jahrhundert tatsächlich toleranter (mag der Begriff hier auch ein Anachronismus sein) als irgendeine christliche Herrschaft dieser Epoche. Es genügt, das Schicksal der Muslime im katholischen Spanien mit dem der orthodoxen Christen auf dem Balkan unter osmanischer Herrschaft zu vergleichen. Dort wurden die Christen wie die Juden vom Sultan weder zum Übertritt gezwungen noch vertrieben, sondern sie konnten im Hause des Islam ihren Glauben ausüben, wie sie wollten. Dies war nicht eine Toleranzpolitik im modernen Sinne und auch keine Eigenheit des osmanischen Reiches – es entsprach einem traditionellen System islamischer Herrschaft, das sich bis auf das Kalifat der Umayyaden im achten Jahrhundert zurückverfolgen lässt.[2]

Die Ungläubigen waren unterworfene Völker, juristisch geringer gestellt als die herrschende Nation. In der Sprache und in der alltäglichen Praxis bildeten sie getrennte Gemeinwesen. Höher besteuert als die Gläubigen, durften sie keine Waffen tragen und keine Prozessionen abhalten, durften bestimmte Kleider nicht tragen und keine Häuser über eine gewisse Höhe hinaus errichten. Muslime konnten ungläubige Frauen nehmen; Ungläubige durften keine muslimischen Frauen ehelichen.

Der osmanische Staat, der dieses System erbte, entstand im Anatolien des vierzehnten Jahrhunderts aus einer türkischen Stammesherrschaft, die mit anderen rivalisierte und sich auf Kosten lokaler muslimischer Konkurrenten nach Osten und Süden, auf Kosten der Überreste des byzantinischen Reiches nach Westen und Norden ausdehnte. Zweihundert Jahre lang, während seine Armeen den größten Teil Osteuropas, des Nahen Ostens und Nordafrikas eroberten, behielt das so entstandene Reich bei seinem Vormarsch diese Doppelrichtung bei. Doch stand nie in Zweifel, wo der strategische Schwerpunkt und die Haupttriebkraft zu suchen waren. Von Anfang an hatten die osmanischen Herrscher ihre Legitimität aus dem heiligen Krieg – *gaza* – abgeleitet, der an den Grenzen der Christenheit zu führen war. Die unterworfenen Regionen Europas bildeten die wohlhabendsten, bevölkerungsreichsten und politisch wertvollsten Teile des Imperiums, und darüber hinaus den Schauplatz der weitaus meisten militärischen Operationen, während ein Sultan nach dem anderen sich anschickte, das Haus des Islam um das Haus des Krieges zu vergrößern. Der osmanische Staat war gegründet auf »das Ideal fortwährender Kriegführung«[3], wie seine jüngste Historikerin Caroline Field geschrieben hat. Er erkannte niemanden als gleichberechtigt an und wusste nichts von friedlicher Koexistenz; er war für das Schlachtfeld geschaffen, ohne territoriale Begrenzung oder Definition.

Doch war dieser Staat auch pragmatisch. Von Anbeginn an verband er den ideologisch motivierten Krieg gegen die Ungläubigen damit, dass

14 er sich der Ungläubigen zu eben diesem Zwecke zu bedienen wusste. Für die absolutistischen Monarchien, die ein wenig später in Westeuropa entstanden und in ihrem jeweiligen Herrschaftsbereich dynastische Autorität beanspruchten und religiöse Konformität erzwangen, lag die merkwürdige Eigenart des Reiches von Mehmed II. und seinen Nachfolgern in der besonderen Verbindung von Zwecken und Mitteln. Einerseits führten die Osmanen einen unbegrenzten heiligen Krieg gegen die Christenheit. Andererseits stützte sich dieser Staat seit dem fünfzehnten Jahrhundert auf ein Aufgebot – die *devşirme* – ehemals christlicher junger Männer, die in den unterworfenen Völkern des Balkans ausgehoben worden waren (welche allgemein nicht gezwungen wurden, sich zum Islam zu bekehren); aus ihnen ging die militärische und administrative Elite hervor, die *kapi kullari* oder »Sklaven des Sultans«.[4]

Mehr als zweihundert Jahre erschauerte Europa vor der Energie dieser Eroberungsmaschine, deren Einflussbereich schließlich von Aden bis Belgrad und von der Krim bis zum Rifgebirge reichte. Doch gegen Ende des siebzehnten Jahrhunderts, nach der letzten Belagerung Wiens, hatte sich die Energie erschöpft. Der Herrschaftsapparat des Reiches rekrutierte sich nicht mehr aus den Sprösslingen von Ungläubigen, und die Ämter fielen wieder an einheimische Muslime zurück; das militärische Gleichgewicht verschob sich nach und nach zuungunsten der Hohen Pforte.[5] Nach dem späten achtzehnten Jahrhundert, als Russland der Türkei einige vernichtende Niederlagen nördlich des Schwarzen Meeres beigebracht und Frankreich Ägypten im Nu erobert hatte, siegte der osmanische Staat nie wieder in einem größeren Krieg. Im neunzehnten Jahrhundert hing sein Überleben ganz von der wechselseitigen Eifersucht der räuberischen Großmächte Europas ab und nicht mehr von irgendeiner eigenen inneren Stärke. Immer wieder wurde er vor weiteren Territorialverlusten oder auch vor der völligen Zerstörung nur durch die Intervention rivalisierender ausländischer Mächte bewahrt, die ihre jeweiligen Konkurrenten zurückdrängten – gerettet von London, Paris, Wien und bei einem denkwürdigen Anlass sogar von St. Petersburg.

Die verschiedenen äußeren Bedrohungen – immer bedrohlicher, je größer die technologische Kluft zwischen dem osmanischen Reich und den Reichen Europas wurde – hätten sich im Prinzip noch lange genug gegenseitig neutralisieren können, um dem osmanischen Reich Gelegenheit zu geben, eine Generalreform von Staat und Gesellschaft durchzuführen und so der Herausforderung des Westens zu begegnen (das Beispiel des rebellischen Satrapen der Pforte in Ägypten, Mehmet Ali, demonstrierte, was möglich gewesen wäre). Doch der Aufstieg des Nationalismus bei den unterworfenen christlichen Völkern des Balkans untergrub jedes diplomatische Gleichgewicht. Die Unabhängigkeit Griechenlands, zögernd unterstützt von Großbritannien und Frankreich (die befürchteten, Russland könne sonst der alleinige Schutzherr der Griechen werden), versetzte dem Sultanat einen Schock, der hinreichte, dass man die ersten ernsthaften Anstrengungen innerer Reform unternahm. In der Tanzimat-Periode (1839–1876) wurde eine systematische Modernisierung betrieben. Der Sultanspalast trat zugunsten der Bürokratie in den Hintergrund. Die Verwaltung wurde zentralisiert, die Rechtsgleichheit aller Untertanen und die Unantastbarkeit des Eigentums wurden proklamiert; Schulbildung und Wissenschaft wurden gefördert; Ideen und Bräuche aus dem Westen importiert. Unter einer Reihe von Wesiren, die mit dem Vorbild Englands sympathisierten, nahm das osmanische Reich seinen Platz im europäischen Konzert der Mächte ein.

Doch konnten die Reformkräfte der Zeit, mochten sie auch säkularen Ideen verpflichtet sein, die religiösen Grundlagen osmanischer Herrschaft nicht wirklich verändern. Drei Ungleichheiten waren von der Tradition besiegelt: die zwischen Gläubigen und Ungläubigen, Herren und Sklaven, Männern und Frauen. Die Beziehungen zwischen den Geschlechtern änderten sich kaum, wenn auch gegen Ende des Jahrhunderts das Faible für

Knaben bei der Elite zurückgegangen war; die Sklaverei wurde – langsam, schrittweise – abgebaut. Politisch gesehen blieb die entscheidende Ungleichheit die zuerst genannte. Theoretisch wurde die Ungleichbehandlung der Ungläubigen durch die Reformen beendet. Doch mochte sie auch im Prinzip aufgehoben sein – sie dauerte praktisch fort, da die Nichtmuslime einer Kopfsteuer unterworfen blieben, die sich nun als Zahlung für die Freistellung vom Wehrdienst maskierte, welche die Muslime nicht zu leisten hatten.[6] Die Armee blieb den Gläubigen vorbehalten, und auch alle wichtigen zivilen Staatsämter blieben rechtgläubiges Monopol. Eine solche Schutzmaßnahme für die Vorherrschaft des Islam erwies sich jedoch als unzureichend, um die im Volk verbreitete Feindseligkeit gegenüber den Reformen zu dämpfen, in denen man allgemein eine Kapitulation vor europäischem Druck und europäischen Gebräuchen sah, unvereinbar mit wahrer Frömmigkeit und mit der angemessenen Stellung der Gläubigen im Reich.[7] Ganz abgesehen vom unschicklichen Schauspiel westlicher Sitten in den Städten wurden unpopuläre ländliche Steuern auf Muslime ausgedehnt, während christliche Kaufleute, von ausländischen Investoren zu schweigen, unter dem Freihandelsregime florierten, das die Reformpartei den westlichen Mächten zugestanden hatte.

Weder konsequent modern noch solide traditionalistisch, scheiterten die Tanzimat-Regierungen auch fiskalisch. Die Steuerpacht, offiziell abgeschafft, hielt sich immer noch; die Einkünfte der öffentlichen Hand stiegen nicht, sie fielen sogar; die Kapitulationen – extraterritoriale Privilegien, die Ausländern zugebilligt wurden – dauerten fort. Die Anleihen im Ausland schwollen bedrohlich an, bis schließlich 1875 mit dem Staatsbankrott eine Explosion erfolgte. Zwei Jahre später wurden die osmanischen Truppen wieder vernichtend in Russland geschlagen, und im Jahre 1878 – nach dem kläglichen Scheitern einer kurzen konstitutionellen Episode – musste das Imperium die Unabhängigkeit von Serbien, Montenegro und Rumänien hinnehmen sowie die Autonomie des größ-

ten Teils von Bulgarien. Für die nächsten dreißig Jahre kehrte die Macht
nun wieder aus den Amtsstuben der Bürokratie in den Palast zurück, wo
sie von Sultan Abdulhamid II. verkörpert wurde, der technologische und
administrative Modernisierungsmaßnahmen – es gab neue Eisenbahn-
linien, Postämter, Kriegsschiffe – mit religiöser Restauration und einer
repressiven Polizeipolitik verband. Nach dem Verlust der größten Teile
des Balkans bestand die Bevölkerung des Reiches nun zu mehr als siebzig Prozent aus Muslimen. Um die Loyalität seinem Regime gegenüber
zu festigen, putzte der Sultan den lange vernachlässigten Kalifentitel wieder auf, erließ panislamische Proklamationen und besetzte hohe Ämter
mit Arabern. Doch kein Ausmaß an geräuschvoller Ideologie oder an
(wie im Viktorianismus) künstlich hergestellter Tradition konnte etwas
daran ändern, dass die Abhängigkeit des osmanischen Reiches von einer durch Ausländer kontrollierten Staatsschuld fortdauerte – und von
einem Gleichgewicht der europäischen Mächte, das die Glut der nationalen Erregung auf dem Balkan nicht zum Erlöschen bringen konnte.

Ein breiter Gebietsstreifen osmanischer Herrschaft reichte immer
noch bis an die Adria; hier zogen verschiedene Gruppen von Aufständischen – insbesondere die makedonische Geheimorganisation IMRO –
durch die Berge, und die besten Truppen des Reiches waren in Garnisons-
städten stationiert, um das zu halten, was noch von Rumelien übrig war,
diesem reichen einstigen Kernland des Imperiums, seinem »römischen«
Teil. Hier war um die Jahrhundertwende die Opposition gegen die Tyrannei des Sultans bereits unter der Jugend aller Bevölkerungsgruppen, die
Türken eingeschlossen, weit verbreitet. 1908 lösten Gerüchte von einer
bevorstehenden Aufteilung der Region unter Russland und England einen Militäraufstand in Monastir und Saloniki aus. Die Revolte verbreitete sich rasch, und nach wenigen Wochen war sie unwiderstehlich geworden. Abdulhamid sah sich gezwungen, Wahlen abzuhalten, und in diesen
holten sich die Kräfte hinter dem Aufstand, mittlerweile als Komitee für

Einheit und Fortschritt (CUP) vor die Welt getreten, eine große Mehrheit im ganzen Reich. Die Jungtürken hatten die Macht übernommen.

Die Revolution von 1908 war eine seltsame, zwieschlächtige Angelegenheit. In vieler Hinsicht war sie die Vorankündigung der Unruhen in Persien und China, die drei Jahre später folgen sollten – doch trug sie Züge, die sie von allen derartigen Erhebungen im zwanzigsten Jahrhundert unterschieden. Einerseits handelte es sich um eine genuine konstitutionelle Bewegung, die bei all den verschiedenen Nationalitäten des Reiches auf enthusiastische Zustimmung stieß und bei breiter Wahlbeteiligung für ein eindrucksvoll multiethnisch zusammengesetztes Parlament sorgte: authentischer Ausdruck des immer noch liberalen Zeitgeistes. Andererseits handelte es sich um den Militärputsch einer Geheimorganisation junger Offiziere und Verschwörer, man könnte sagen: um den ersten einer langen Reihe solcher Coups in der Dritten Welt. Die beiden Elemente hingen eng zusammen, da die Architekten des Putsches, eine kleine, verschworene Gruppe, buchstäblich über Nacht reichsweit Unterstützung fanden, als sie mit der Forderung nach einer demokratischen Verfassung hervortraten – ihre Partei zählte innerhalb eines Jahres Hunderttausende.[8] Rein formell gesehen waren die jeweiligen Ziele der beiden Elemente der Bewegung auch nicht gegensätzlich – »Freiheit, Gleichheit, Brüderlichkeit und Gerechtigkeit«, wie sie die erstgenannte Bewegung proklamierte, fasste man als Bedingungen auf, unter welchen jene Unverletzlichkeit des Reiches gesichert werden konnte, welche die Verschwörer vor allem garantieren wollten, bei gemeinsamen Bürgerrechten aller Völker des Reiches.

Diese Synthese war jedoch nicht stabil, und sie konnte es auch niemals sein. Das Antriebselement der Revolution war die Gruppe der Offiziere in der CUP. Ihr bei weitem höchstes Ziel war die Erhaltung des Reiches – zu welchem Preis auch immer. Konstitutionelle oder andere

Einzelheiten wurden rein funktional aufgefasst oder ignoriert, wie es sich gerade ergab – das waren Mittel, keine Zwecke an sich. Die Verschwörer waren keine Liberalen, und sie dachten auch nicht in irgendeinem Sinn antikolonial wie später die patriotischen Militärs der Dritten Welt, die oft höchst autoritär agierten, aber entschiedene Feinde des Imperialismus waren (die Freien Offiziere in Ägypten, die Logen in Argentinien, die Dreißig Genossen in Burma). Die Bedrohung des osmanischen Reiches ging jetzt wie schon so lange von europäischen Mächten oder ihren Verbündeten in der Region aus, aber die Jungtürken wandten sich kulturell und politisch keineswegs vom Westen ab. Sie wollten lediglich die Arena der westlichen Machtpolitik gleichberechtigt betreten – die Türkei sollte dort eine Nation wie die anderen sein. Zu diesem Zweck war eine Umwandlung des osmanischen Staates notwendig, damit er eine moderne Massenbasis bekam, wie sie die Rivalen so stark gemacht hatte.

Doch hier stand man vor einem akuten Dilemma. Welcher ideologische Appell konnte die buntscheckige Bevölkerung des osmanischen Reiches – getrennt durch Sprache, Religion und Volksgruppe – zusammenhalten? Eine Form des vereinheitlichenden Patriotismus war notwendig, aber die typischen zeitgenössischen Zutaten hierfür fehlten. Die der osmanischen Ordnung in Europa am ehesten vergleichbare Herrschaftsform war das Habsburgerreich, doch selbst dieses war wesentlich kompakter, seine Bewohner gehörten in überwältigender Zahl ein und demselben Glauben an, und es wurde von einem immer noch geachteten traditionellen Herrscher regiert. Die Jungtürken, die nun Ländereien vom Jemen bis zur Donau zu verwalten hatten und Völkerschaften regierten, die seit langer Zeit in eine Hierarchie unvereinbarer Glaubenszugehörigkeiten eingezwängt lebten, verfügten nicht über derartige Vorteile. Was sollte es denn heißen, Bürger eines derartigen Staates zu sein – wenn nicht bestenfalls, dass man eben auch Untertan einer Dynastie war, welche die Jungtürken selbst mit sehr geringer Achtung behandelten (stießen sie doch

Abdulhamid ein Jahr nach ihrer Machtübernahme unsanft vom Thron)? Das neue Regime konnte einem grundsätzlichen Legitimitätsdefizit nicht entgehen. Dass es sich der Brüchigkeit seiner eigenen ideologischen Position bewusst war, ließ sich von Anfang an erkennen. Denn die Jungtürken behielten die diskreditierte Monarchie bei, gegen die sie revoltiert hatten – sie setzten als Marionette einen schwachen Bruder Abdulhamids auf den Sultansthron, und sie marschierten sogar mit grotesker Pietät hinter dem Katafalk Abdulhamids her, als der alte Oger, dieser Ré Bomba vom Bosporus, endlich den Geist aufgab.

Solche Fetzen einer verblassten Kontinuität reichten natürlich nicht aus, die neuen Kleider des kollektiven Kaisers abzugeben. Die CUP benötigte die komplette Paradeuniform eines modernen Nationalismus. Aber wie war dieser zu definieren? Eine zweigleisige Lösung war die Antwort. Für die Öffentlichkeit proklamierte man einen staatsbürgerlichen Nationalismus, der jedem Angehörigen des Landes zugänglich sein sollte, welchen Glaubens oder welcher Herkunft er auch sein mochte: eine Doktrin, die weite Teile der Bevölkerung ansprach und überall mit einem Aufflammen von Hoffnung und Engagement begrüßt wurde, selbst in den bisher unruhigsten Teilen des Reiches, etwa bei den Armeniern. In geheimer Versammlung jedoch bereitete man einen stärker konfessionell oder ethnisch betonten Nationalismus vor, beschränkt auf Muslime oder Türken.[9] Diese Dualität spiegelte in gewisser Weise die eigenartige Struktur der CUP selbst wider. Als Partei hatte sie in den ersten freien Wahlen des Reiches eine große parlamentarische Mehrheit erreicht, und mit einer kurzen Pause in den Jahren 1912–1913 lenkte sie nun die Staatspolitik. Doch ihre Führerschaft scheute das Rampenlicht und übernahm weder Kabinettsposten noch höchste militärische Befehlsgewalt – dies alles wurde einer älteren Generation von Offizieren und Bürokraten überlassen. Hinter der Fassade aus verfassungsmäßiger Korrektheit und Achtung vor der Anciennität wurde die wahre Macht jedoch vom Zentralkomitee der

Partei ausgeübt, einer Gruppe von fünfzig radikalen Eiferern, die über eine nach dem Modell der makedonischen und armenischen Untergrundbewegungen ausgerichtete politische Organisation geboten. Der Begriff »Jungtürken« war keine Fehlbezeichnung. Als die CUP die Macht ergriff, waren ihre führenden Köpfe in ihren Dreißigern oder späten Zwanzigern. Offiziere im Rang eines Hauptmanns oder Majors stellten die größte Zahl, aber es gab auf höchster Ebene auch Zivilisten. Das Trio, das schließlich im Schweinwerferlicht stehen sollte, bestand aus den Offizieren Enver und Cemal und aus Talat, einem ehemaligen Postbeamten. Hinter ihnen standen zwei Militärärzte, Selânliki Nazim und Bahaettin Sakir, die für die Öffentlichkeit weniger sichtbar, aber insgeheim die Antriebskräfte der Organisation waren. Alle fünf kamen aus dem »europäischen« Sektor des Reiches – der Stutzer Enver aus einer wohlhabenden Familie in Istanbul, die Bulldogge Talat und der klinisch kühle Sakir aus dem heutigen Bulgarien, Nazim aus Saloniki, der etwas ältere Cemal aus Mytilene.

Die CUP musste sich bald der Herausforderung stellen und das Reich verteidigen, zu dessen Erhalt sie angetreten war. 1911 besetzte Italien Libyen, die letzte osmanische Provinz in Nordafrika; Enver versuchte vergeblich, den Widerstand in der Wüste zu organisieren. Ein Jahr später verbündeten sich Serbien, Montenegro, Griechenland und Bulgarien zu einem gemeinsamen Angriff gegen die osmanischen Truppen auf dem Balkan, die innerhalb einer Woche fast vollständig aus Europa hinweggefegt wurden. Die CUP, die im Sommer 1912 kurz die Macht verloren hatte, musste diese gewaltige Niederlage nicht verantworten, und als die Gegner sich zerstritten, konnte sie wenigstens die Provinz Edirne zurückerobern. Doch das Ausmaß der imperialen Katastrophe blieb traumatisch. Rumelien war seit langem die fortschrittlichste Region des Reiches gewesen, das Territorium, aus dem sich die osmanischen Eliten hauptsächlich rekrutierten – von den Zeiten der *devşirme* bis zu den Jungtürken selbst, deren Zentralkomitee bis 1912 in Saloniki saß, nicht in Istanbul. Dieser letzte Verlust, den nicht einmal die Großmächte herbeigeführt hatten, ein Verlust, der die osmanischen Besitzungen in Europa auf ein Minimum reduzierte und etwa vierhunderttausend Türken vertrieb, war die größte Niederlage, die schlimmste Demütigung in der Geschichte des Reichs.

Die Wirkung auf die CUP war eine doppelte. Das Reich war nun zu fünfundachtzig Prozent muslimisch, was den Anreiz für politische Appelle an die Minorität der Ungläubigen verringerte und es um so attraktiver erscheinen ließ, zur Unterstützung des Regimes die Bedeutung des Islam zu betonen. Aber obwohl die führenden Mitglieder des Komitees, entschlossen, die arabischen Provinzen festzuhalten, immer häufiger die islamische Karte spielten, stand ihnen die bittere Lektion vor Augen, welche die Albanier der Türkei erteilt hatten. Diese hatten die Gelegenheit ergriffen, welche die Balkankriege boten, um die eigene Unabhängigkeit zu erringen – ein Abfall von Muslimen, der darauf hindeutete, dass eine gemeinsame Religion nicht ausreichen dürfte, um ein weiteres Zerbröckeln des Staats zu verhindern, den die Jungtürken übernommen hatten. Das hatte zur Folge, dass die ideologische Achse der CUP, insbesondere des inneren Führungszirkels, zusehends in die ethnische Richtung kippte: Das Türkische war nun wichtig, nicht das Muslimische. Die Umorientierung kostete die Jungtürken weltanschaulich nichts – sie waren ausnahmslos Positivisten, die zu allen geheiligten Begriffen ein höchst instrumentelles Verhältnis hatten.[10]

Sie waren auch nicht bereit, den reduzierten Status des Reiches hinzunehmen. Die Vertreibung aus Rumelien führte nicht zu einer defensiven Haltung, sondern im Gegenteil zu dem Willen, die Niederlagen auf dem Balkan zu rächen und die imperialen Verluste wieder auszugleichen. »Unser Zorn wird immer stärker: Rache, Rache, Rache; es gibt kein anderes Wort«, schrieb Enver an seine Frau. In einer Rede rief er aus: »Wie

könnte ein Mensch die Wiesen, die Ebenen vergessen, die das Blut unserer Vorväter getränkt hat! Wie könnte je einer die Orte aufgeben, wo
die streifenden türkischen Reiter vierhundert Jahre lang heimlich ihre
Rosse abgestellt haben, mit unseren Moscheen, unseren Gräbern, unseren Derwischklöstern, unseren Brücken und unseren Burgen – sollen
wir dies denn alles unseren eigenen Sklaven überlassen und aus Rumelien
nach Anatolien zurückweichen? Das ist nicht mehr zu ertragen. Ich will
gerne die restlichen Jahre meines Lebens opfern, um Rache zu nehmen an
den Bulgaren, den Griechen und den Montenegrinern.«[11]

Der Schluss, den die CUP aus der Niederlage des Jahres 1912 zog, war
der, dass die osmanische Macht sich ohne ein Bündnis mit mindestens einer der europäischen Großmächte nicht aufrechterhalten ließ. Die Jungtürken hatten hier keine besondere Präferenz und versuchten es reih-
um mit England, Österreich-Ungarn, Russland und Frankreich, ehe es
ihnen endlich am 2. August 1914 mit Deutschland glückte, zwei Tage
vor Ausbruch des Ersten Weltkriegs.[12] Mittlerweile stand die CUP offen
im Vordergrund. Enver war Kriegsminister, Talat Innenminister, Cemal
Marineminister. Der Vertrag als solcher verpflichtete bei Kriegsausbruch
die Türkei nicht zur Kriegserklärung an die Entente, und die Jungtürken
gedachten, ihren Vorteil daraus ohne besonderes Risiko zu ziehen. Sie
setzten darauf, dass Deutschland Frankreich rasch niederzwingen würde,
worauf die osmanische Armee sich in größter Sicherheit mit den Zentral-
mächten verbünden könnte, um Russland zu besiegen und die Früchte
des Sieges zu ernten – darunter eine angemessene Portion von Thrakien,
die ägäischen Inseln, Zypern, Libyen, ganz Arabien, das im Kaukasus an
Russland abgetretene Gebiet und noch weitere Landstriche, die sich in
Richtung Aserbeidschan und Turkestan erstreckten.

Als aber der Zusammenbruch Frankreichs an der Westfront ausblieb
und Deutschland trotzdem die Türkei drängte, rasch in den Krieg einzu-

treten, um im Osten Russland zu schwächen, bekamen die meisten Kabinettsmitglieder kalte Füße. Erst nach Wochen des Streits und der Unschlüssigkeit gelang es Enver, dem kriegerischsten Mitglied der jetzt an der Macht befindlichen Junta, die Regierung im späten Oktober 1914 in den Krieg zu jagen – mit dem überraschenden Beschuss russischer Stellungen an der Schwarzmeerküste durch die osmanische Marine.[13] Diese war jedoch, trotz Bemannung der Schiffe durch deutsche Matrosen, nicht in der Lage, in der Ukraine zu landen. Wo also sollte sich die triumphale jungtürkische Kraft nun zeigen? Symbolische Truppenkontingente wurden nordwärts geschickt, um österreichisch-deutsche Positionen in Galizien ein wenig auszustaffieren, und man entsandte auf deutsche Anforderung halbherzige Expeditionen gegen die britischen Linien in Ägypten. Aber das waren Nebenkriegsschauplätze. Die besten Truppen, angeführt von Enver persönlich, wurden gegen die russische Grenze im Kaukasus geworfen. Dort warteten die drei Provinzen Batum, Ardahan und Kars auf die Wiedereroberung, seit sie dem osmanischen Imperium auf dem Berliner Kongress 1878 genommen worden waren. Aus dem tiefen Schnee dieses Winterfeldzuges 1915 kehrten wenige zurück. Der osmanische Angriff wurde auf eine Weise zerschmettert wie keine vergleichbare Offensive des Krieges – weniger als einer von sieben Soldaten überlebte die Kampagne. Als die Truppen, halberfroren und demoralisiert, sich zurückzogen, blieb die Nachhut dem Feind preisgegeben.

In Istanbul reagierte die CUP rasch. Dies war kein gewöhnlicher Rückzug in die Art von eigenem Hinterland, wo später einmal eine zweite Marneschlacht geschlagen werden konnte. Ein breiter Streifen Territorium auf beiden Seiten der Grenze war die Heimat von Armeniern. Welche Rolle würden sie in dem nun entfesselten Konflikt spielen? Historisch gesehen die ältesten Bewohner der Region und tatsächlich von ganz Anatolien, waren sie Christen, deren Kirche – auf das dritte Jahrhundert zurückgehend – den Anspruch erheben konnte, älter noch als die römische zu sein. Doch im neunzehnten Jahrhundert stellten die Armenier – anders als Serben, Bulgaren, Griechen oder Albanier – nirgendwo in ihren Siedlungsländern eine kompakte nationale Minderheit dar. Im Jahre 1914 waren etwa ein Viertel von ihnen russische Untertanen, drei Viertel Untertanen des osmanischen Imperiums. Unter den Zaren genossen sie keine politischen Rechte, wurden aber als Christen nicht aus religiösen Gründen verfolgt und konnten sich im Verwaltungsapparat emporarbeiten. Unter den Sultanen waren sie von Anbeginn von der *devşirme* ausgeschlossen geblieben, doch konnten sie als Kaufleute tätig sein und Land erwerben, wenn auch keine Ämter übernehmen. Im Lauf des neunzehnten Jahrhunderts bildeten sie eine bedeutende Intellektuellenschicht heraus – die ersten osmanischen Romane wurden von Armeniern verfasst.

Unvermeidlicherweise entwickelte sich wie in den Ländern des Balkans (und von diesen inspiriert) bei dieser Intelligentsia eine nationalistische Bewegung. Doch von den Vorbildern unterschied sich die Lage der Armenier in zweierlei Hinsicht: sie lebten über ein weites, unzusammenhängendes Gebiet zerstreut, wo sie überall in der Minderheit waren, und sie waren zwischen zwei Großreichen geteilt, von denen eines als ihr Beschützer posierte, das andere als ihr Verfolger auftrat. Die meisten waren Bauern in den drei östlichsten osmanischen Provinzen, wo sie vielleicht ein Viertel der Bevölkerung ausmachten. Doch gab es auch eine Konzentration armenischer Bewohner in Kilikien, an der heutigen syrischen Grenze, und starke Gemeinden in Istanbul und anderen Großstädten. Das staatliche Misstrauen gegenüber einer Minderheit, die viele Verbindungen über eine umstrittene Grenze hinweg pflegt, die latente Feindseligkeit, die das Volk für die Ungläubigen empfindet, die Eifersucht auf prosperierenden fremden Kommerz – all dies häufte Zündstoff um die Armenier in Anatolien an. Abdulhamids persönliche Animosität hatte dafür gesorgt, dass sie unter seiner Regierung manches zu leiden hatten; es kam damals wiederholt zu Pogromen gegen die Armenier. In den

Jahren 1894–1896 starben zwischen achtzigtausend und zweihunderttausend von ihnen bei Massakern, die kurdische Regimenter anrichteten, welche eigens zu Zwecken der ethnischen Repression im Osten aufgestellt worden waren.[14] Der folgende internationale Aufschrei, der schließlich zu der theoretischen Ernennung – die keinerlei praktische Folgen hatte – von internationalen Inspektoren führte, welche die Sicherheit der Armenier in den am schlimmsten betroffenen Gebieten gewährleisten sollten, bestätigte im Lande nur das Vorurteil, dass es sich bei diesen Menschen um eine illoyale Minderheit handelte.

Die unmittelbare Befürchtung der CUP, als sie die wilde Flucht ihrer Truppen im Kaukasus mitansehen musste, war es, die lokale armenische Bevölkerung könne sich auf die Seite des Feindes schlagen. Am 25. Februar ordnete sie an, dass alle armenischen Soldaten in den Streitkräften zu entwaffnen seien. Die Telegramme wurden an dem Tag versandt, als britisch-französische Streitkräfte mit der Bombardierung der Dardanellen begannen und damit Istanbul selbst bedrohten. Ende März, als in der Hauptstadt eine höchst angespannte Stimmung herrschte, votierte das Zentralkomitee (vor allem Talat hatte darauf gedrängt) für eine Deportierung der gesamten armenischen Bevölkerung in die syrische Wüste, damit das osmanische Rückzugsterrain gesichert werde. Die Operation sollte von der *Teskilât-i-Mahsusa* durchgeführt werden, der »Spezialorganisation«, welche die Partei 1913 für geheime Aufgaben geschaffen hatte und die nun unter dem Kommando von Bahaettin Sakir etwa dreißigtausend Mann zählte.[15]

Ethnische Säuberungen in riesigem Ausmaß waren in der Region nichts Neues. Massenhaft von Haus und Hof vertrieben zu werden, typischerweise als Flüchtlinge vor einmarschierenden Armeen – das war ein Schicksal, das Hunderttausenden von Türken und Zirkassiern zugefallen war, als Russland seinen Griff um den nördlichen Kaukasus in den sechziger Jahren des neunzehnten Jahrhunderts fester schloss und als

die Nationen des Balkan sich in den folgenden fünfzig Jahren ihre Unabhängigkeit von der osmanischen Herrschaft erkämpften.[16] Anatolien war
voll von solchen *muhajhir*, mit bitteren Erinnerungen an die eigene Behandlung durch die Christen. Opferreiche Massaker waren dieser Region
auch nicht fremd, und die Metzeleien unter den Armeniern in den neunziger Jahren des neunzehnten Jahrhunderts hatten schon viele Vorläufer
gehabt, auf allen Seiten, in der Geschichte des osmanischen Reiches und
seiner Nachbarn. Auch war die gewaltsame Umsiedlung ganzer Bevölkerungen aus Sicherheitsgründen im Ersten Weltkrieg nicht auf eine Seite
beschränkt: In Russland wurde von der zaristischen Regierung mindestens eine halbe Million Juden zusammengetrieben und aus Polen und
dem jüdischen Ansiedlungsrayon deportiert.[17]

Das Unternehmen, zu dem sich die CUP im Frühjahr 1915 anschickte,
war jedoch neuartig. Denn die vorgebliche Deportation – in sich schon
brutal genug – sollte lediglich verdecken, dass es sich um eine Ausrottung
handelte: um den systematischen, staatlich organisierten Mord an einem
Volk. Die Tötungen – noch einigermaßen unkonzentriert – begannen im
März, als russische Truppen in Anatolien einzurücken begannen. Am
20. April kam es in einem Klima wachsender Angst zu einem Armenier-
aufstand in der Stadt Van. Fünf Tage später landeten große Kontingente
englischer und französischer Truppen an den Dardanellen, und man
arbeitete Pläne für eine Verlegung der Regierung ins Landesinnere aus,
sollte die Hauptstadt an die Entente fallen. In dieser Krise verlor die CUP
keine Zeit. Anfang Juni war die zentral geleitete und koordinierte Auslöschung der armenischen Bevölkerung in vollem Gange. Wie Michael
Mann, die führende Autorität für die moderne Praxis der ethnischen Säuberung, schreibt: »Die Eskalation von den ersten Episoden bis zum Genozid vollzog sich innerhalb von drei Monaten, eine sehr viel schnellere
Entwicklung als später bei Hitlers Attacke auf die Juden.«[18] Sakir – vielleicht mehr als irgendein anderer der Verschwörer der ursprüngliche

Schöpfer der CUP – durchreiste die Zielgebiete wie ein tödlicher Schatten und beaufsichtigte das Massaker. Ohne auch nur den Vorwand der Sicherheitspolitik wurden die Armenier in Westanatolien ermordet, als die Ausrottungswelle auch hierher kam, Hunderte Meilen entfernt von der Front.

Es gibt keine zuverlässigen Zahlen für die Toten oder Angaben zu den verschiedenen Todesarten, die sie erlitten – mit oder ohne Kugel oder Messer; vor Ort getötet oder auf langen Märschen dem Erschöpfungstod preisgegeben. Michael Mann, der 1,2 bis 1,4 Millionen Opfer als vernünftige Schätzung betrachtet, meint, dass »vielleicht zwei Drittel der Armenier umkamen« – »der erfolgreichste Säuberungsmord des zwanzigsten Jahrhunderts«, einer, der rein proportional über die Shoa hinausgeht.[19] Eine Katastrophe dieses Umfangs ließ sich nicht verbergen. Deutsche, die sich als Alliierte des osmanischen Reiches in der einen oder anderen Eigenschaft in Anatolien aufhielten (als Konsulatsbeamte, Militärpersonen, Geistliche) wurden Zeugen des Gemetzels und berichteten nach Hause, viele voll Entsetzen und Erregung. Als ihn der amerikanische Botschafter zur Rede stellte, machte sich Talat kaum die Mühe, die Tatsachen zu bestreiten. Die Entente brandmarkte – im Gegensatz zu den Alliierten des Zweiten Weltkriegs, die zum Judäozid schwiegen – die Ausrottungspolitik ohne Zögern und erließ am 24. Mai 1915 eine feierliche Erklärung, in der sie versprach, die Verbrecher zu bestrafen, welche die Untaten organisiert hatten.

Der Sieg an den Dardanellen rettete das CUP-Regime. Das war aber auch der einzige wirkliche Erfolg der Türkei in diesem Krieg – ein rein defensiver. Anderenorts, in Arabien, Palästina, im Irak, am Schwarzen Meer, wurden die Armeen einer im Grunde immer noch rein landwirtschaftlich geprägten Gesellschaft überall von den höher industrialisierten Gegnern geschlagen, unter großem Leid der Zivilbevölkerung und unter hohen militärischen Verlusten. Als Bulgarien, die lebenswichtige osmanische Verbindung zu den Mittelmächten, Ende September 1918 zusammenbrach, war dies der Anfang vom Ende. Talat, der auf der Rückreise von Berlin durch Sofia kam, erkannte, dass alles aus war, und legte zwei Wochen später sein Amt als Großwesir nieder. Ein neues Kabinett, mit anscheinend weniger kompromittierten Führungskräften, wurde nach vierzehn Tagen gebildet, und am 31. Oktober unterzeichnete die Pforte einen Waffenstillstand mit der Entente, drei Tage vor Österreich am 3. November und zwei Wochen vor Deutschland am 12. November. Es war, als sei eine Reihe Dominosteine umgefallen, vom schwächsten hin zum stärksten.

Dieser Eindruck war trügerisch. In Wien brach die habsburgische Monarchie über Nacht zusammen. In Berlin bildeten sich Soldaten- und Arbeiterräte, und der letzte Kaiser floh ins Exil. In Sofia kam Stamboliskis Bauernpartei, die schon vor Kriegsende einen Aufstand organisiert hatte, an die Macht. In all diesen Fällen war die Niederlage unbestreitbar, die alte Ordnung war damit vollkommen diskreditiert, und revolutionäre Kräfte traten aus der Ruinenlandschaft hervor. In Istanbul geschah nichts Vergleichbares. Das osmanische Reich war mit einer Willkürentscheidung in den Krieg eingetreten, die keine Parallele bei den andern Mächten fand, und auch das Kriegsende war hier wiederum einzigartig. Denn die Führer der CUP akzeptierten ihre Niederlage nicht. Dass sie ihre Kabinettsposten zur Verfügung stellten, war Taktik: *reculer pour mieux sauter.* In den zwei Wochen zwischen ihrem Rücktritt von der Regierung und der Unterzeichnung des Waffenstillstandes bereiteten sie sich auf den Widerstand gegen eine bevorstehende Besatzung vor und auf eine zweite Runde im Kampf um die Vollstreckung türkischer Machtansprüche. Enver beschwor das Balkandesaster 1913, als man mit der Wiedereroberung von Edirne noch den erlösenden Gegenschlag führte – eine Inspiration für die Zukunft.[20] Talat organisierte eine paramilitärische Untergrundbewegung namens *Karakol*, angeführt von engen Vertrauten (darunter Envers Onkel) und ausgerüstet mit versteckten Waffenvorräten und Geldmitteln der Spezialorganisation, die man hastig auflöste, und der umbenannten Unionistischen Partei. Man brachte Archive in Sicherheit und zerstörte systematisch belastendes Aktenmaterial.[21]

Als am 31. Oktober 1918 auf einem Schiff vor der Insel Lemnos die türkische Kapitulation unterzeichnet wurde, hatten die Truppen der Entente noch nicht die Dardanellen erreicht; die CUP tat nun den entscheidenden Schritt. Alle Vorkehrungen waren getroffen, es gab keine Panik. In der Nacht vom ersten auf den zweiten November gingen acht führende Politiker des Regimes heimlich an Bord eines deutschen Unterseeboots, der von Russland erbeuteten einstigen *Schastlivyi*, die sie dann auf schnellstem Wege nach Sebastopol brachte.[22] Deutschland stand immer noch im Kriege und kontrollierte die Ukraine. Zu der Gruppe gehörten Enver, Talat, Sakir, Nazim und Cemal.[23] Von der Krim aus reiste Enver Richtung Kaukasus weiter, während die anderen in mehreren Etappen verkleidet nach Berlin gebracht wurden, wo sie im Januar 1919 anlangten. Dort wurde ihnen unter Ebert, dem neuen sozialdemokratischen Präsidenten der Republik, Schutz zugesagt. Der türkische Unionismus war kein Nazismus, aber wenn man eine Analogie sucht: Es war, als ob Hitler, Himmler, Kaltenbrunner, Goebbels und Göring im Jahre 1945 nach sorgfältigen Vorbereitungen diverser Werwolf-Aktionen in Deutschland sich nach Finnland abgesetzt hätten, um dort ihren Kampf fortzusetzen.

Zehn Tage später zogen die Alliierten in Istanbul ein. Bei Kriegsende hatte sich das habsburgische Imperium spontan in seine Teile aufgelöst; das Reich der Hohenzollern machte einer Republik Platz, die Elsass und Lothringen abgeben und eine Besetzung des Rheinlandes hinnehmen musste, aber keine wirkliche Beschädigung der territorialen Integrität Deutschlands. Mit dem osmanischen Reich stand es anders – sein Schicksal lag weit mehr in den Händen der Sieger, auf Gnade und Ungnade. Ende 1918 teilten sich vier Mächte – England, Frankreich, Italien und Griechenland – die Beute, wobei die ersten beiden die arabischen Provin-

zen des osmanischen Reiches übernahmen, die beiden letzteren sich um **31**
Landgewinne im Südwesten Anatoliens stritten. Es sollte noch zwei Jahre
dauern, bis man zu einer förmlichen Übereinkunft kam, wie das besiegte
Reich zerstückelt werden sollte. Inzwischen übten die Mächte in Istanbul
eine gemeinsame Aufsicht aus, eine anfänglich ganz lockere, die einem
anscheinend gefügigen Kabinett unter einem neuen Sultan galt, von dem
man wusste, dass er die CUP nicht schätzte.

Das Nachkriegselend einer besiegten Gesellschaft war hier sehr viel
schlimmer als in Deutschland oder Österreich, aber das Widerstands-
potential gegen einen demütigenden Karthago-Frieden war größer. Von
der Hauptstadt leitete der *Karakol* bald Ströme von Agenten und Waffen
ins Landesinnere, wohin man schon während des Krieges das Machtzen-
trum zu verlegen geplant hatte, und es gab nur wenige ausländische Beobachter, die hätten kontrollieren können, was vor sich ging. Entscheidend
war, dass die Oktoberrevolution Russland aus der Phalanx der Alliierten
herausgebrochen hatte: So blieb nicht nur Ostanatolien vor jeglicher Besetzung bewahrt. Auch die osmanische Neunte Armee, die Enver ausge-
schickt hatte, um den Kaukasus zu besetzen, war noch intakt und stand
unter einem unionistischen Befehlshaber – und der Frieden von Brest-
Litowsk machte ihr den Weg frei, bis nach Baku vorzurücken.

Im Frühling 1919 betrat ein anderer unionistischer Offizier die Bühne.
Kemal, der ebenfalls aus Rumelien stammte, war ein frühes Mitglied der
CUP und bei der Verteidigung der Dardanellen bekannt geworden, ehe
er dann den größten Teil des Krieges in Syrien verbracht hatte. Ein ge-
spanntes Verhältnis zu Enver hatte ihn vom innersten Kreis der Partei
ferngehalten, so dass er nicht durch Beziehungen zur Spezialorganisation
kompromittiert war. Als er aus Damaskus zurückkehrte und sich um einen Ministerposten im Nachkriegskabinett bemühte, bot man ihm statt
dessen eine Militärinspektion im Osten an. Der Vorschlag war wohl

das Ergebnis von Verabredungen mit dem *Karakol*, mit dem er nach der Rückkehr Verbindung aufgenommen hatte. Kemal begab sich zunächst an die Schwarzmeerküste, dann aber rasch ins Landesinnere und begann mit der Koordination des politischen und militärischen Widerstandes, der sich zuerst heimlich, bald aber offen gegen die Kontrolle formierte, welche die Alliierten über die Türkei ausübten. Bei dieser Entwicklung, die sich zum Unabhängigkeitskrieg ausweiten sollte, halfen ihm vier günstige Voraussetzungen.

Die erste waren die umfangreichen Vorbereitungsmaßnahmen für den Widerstand, die noch von der CUP-Führung veranlasst worden waren. Dazu gehörten nicht nur umfangreiche Waffenlager und nachrichtensammelnde Agenten im Untergrund, sondern auch ein landesweites Netzwerk von Vereinen für das Recht auf Nationale Verteidigung – eine Art oberirdische Vorform einer politischen Partei. Dazu kam, mehr als Glücksfall denn aufgrund überlegter Planung, jene voll ausgerüstete reguläre Armee außerhalb der Reichweite der Alliierten. Die zweite Voraussetzung war die von Russland geübte Solidarität. Dort musste sich Lenins Regime gegen zahlreiche Interventionsversuche der Entente verteidigen, die auf seinen Sturz im Bürgerkrieg zielten; die neue russische Regierung unterstützte den türkischen Widerstand gegen den gemeinsamen Feind mit Waffen und Geld. Die dritte lag in der Uneinigkeit der Entente selbst. England war die vorherrschende Macht in Istanbul. Doch wollte es diese politische Position nicht selbst militärisch absichern; hier verließ es sich auf Griechenland als regionalen Erfüllungsgehilfen. Allerdings war die von den Siegern ausgespielte griechische Karte – und dies war das wesentliche vierte Element der Lage – eine besonders schwache und leicht zu stechende.

Griechenland wurde nicht nur von Italien als billiger Rivale verachtet und von Frankreich misstrauisch beäugt als Helfershelfer Englands. In türkischen Augen war Griechenland ein Schakal, der sich an der Beute der Großmächte sattfressen wollte. Diese waren immerhin würdige Geg-

ner, aber Griechenland hatte nicht den geringsten Beitrag zum Sieg über
die osmanischen Waffen geleistet und wurde nun doch mit den größten
Besatzungsgebieten belohnt – Gebieten, aus denen bereits vor dem Krieg
eine große Zahl von Griechen von der Spezialorganisation vertrieben
worden war und wo die ethnischen Spannungen besonders stark waren.
Und Griechenland war ein kleiner, innerlich zerrissener Staat, als Militärmacht kaum von Bedeutung. Ein besseres Feindbild für eine Kampagne
der nationalen Befreiung war kaum denkbar. Vier Tage, bevor Kemal
am Schwarzen Meer angelangt war, hatten griechische Truppen nach der
Landung in Smyrna die Stadt und die umliegende Region besetzt, was im
ganzen Land Zorn erregte und ideale Bedingungen für ein Unternehmen
schuf, das vielen Türken immer noch sehr riskant erschien.

Innerhalb eines Jahres hatte Kemal eine Nationalversammlung in
Ankara eingerichtet (eine offene Herausforderung an die Regierung in
Istanbul) und Streitkräfte zusammengebracht, die in der Lage waren,
dem Vordringen der Griechen entgegenzutreten, die nun immer größere
Teile Westanatoliens besetzt hatten. Ein weiterer griechischer Vormarsch
wurde nach Anfangserfolgen im Herbst 1921 gestoppt, und ein Jahr später wurde der Angreifer, der immer noch dieselben Linien hielt, in die
Flucht geschlagen. Zehn Tage nach der griechischen Niederlage mar-
schierte Kemals Armee in Smyrna ein, brannte die Stadt nieder und trieb
die verbliebene griechische Bevölkerung ins Meer – der spektakulärste
unter den Brutalitätsexzessen, die sich beide Seiten zuschulden kommen
ließen.[24] In England setzte das Debakel seines Schützlings der Regierung
von Lloyd George ein Ende. Der Premierminister, Philhellene bis zum
Ende, hatte gedroht, England nach den türkischen Erfolgen im Oktober
1922 möglicherweise wieder in den Krieg zu führen, und wurde deshalb
durch eine Revolte im Carlton Club gestürzt.

Im folgenden Sommer gab Curzon die alten Pläne der Entente für eine
Teilung Anatoliens auf und akzeptierte im wesentlichen die modernen

Grenzen der Türkei sowie die Aufhebung der extraterritorialen Rechte für Ausländer; er unterschrieb mit seinen französischen, italienischen und griechischen Kollegen den Vertrag von Lausanne, der den Feindseligkeiten mit dem osmanischen Reich ein förmliches Ende setzte. Juristisch gesehen war die hauptsächliche Novität des Vertrags die wechselseitige ethnische Säuberung, welche der norwegische Philantrop Fridtjof Nansen vorgeschlagen hatte, der dann für seinen Geistesblitz auch prompt den Friedensnobelpreis bekam, als erster in einer langen Reihe ähnlich plausibler Preisträger.[25] Der »Bevölkerungsaustausch« zwischen der Türkei und Griechenland spiegelte den Status wider, den Sieger und Besiegter mittlerweile hatten; er trieb neunhunderttausend Griechen und vierhunderttausend Türken in entgegengesetzten Richtungen aus ihrer Heimat.

Als Befreier seines Landes bejubelt, war Kemal nun Herr der politischen Lage. Er war hauptsächlich mit Hilfe des Parallelstaates an die Macht gelangt, den der Unionismus zurückgelassen hatte, als die *Schastlivyi* auslief, und eine Zeitlang war er eher *primus inter pares* unter den zurückgebliebenen Führern des CUP-Regimes als der unumstrittene Staatslenker. Noch im Sommer 1921 hatte Enver jenseits der Grenze am Schwarzen Meer gelauert und sich bereitgehalten, aufs neue zum Kampf anzutreten und Kemal die Führung zu entreißen, falls es diesem nicht gelingen sollte, den griechischen Vormarsch aufzuhalten. Der militärische Sieg machte Kemal gegen solch eine Bedrohung immun – die Talat in Berlin ohnehin nicht für ratsam hielt: Der empfahl seinen Gefolgsleuten, sich dem neuen Führer anzuschließen. Doch stellte die CUP noch eine andere Gefahr dar: Sie konnte als Verkörperung von Illegitimität zur schweren Belastung für Kemals Herrschaftsanspruch werden. Denn unter alliierter Besetzung hatte es Prozesse gegen die führenden Beamten gegeben, die für den Genozid der Regierung in Istanbul an den Armeniern verantwortlich waren, und alle acht, die von den Deutschen an Bord des russischen U-Boots nach Sebastopol in Sicherheit gebracht worden waren, wurden in Abwesenheit zum Tode verurteilt.

Die Weimarer Republik hatte ihnen Schutz gewährt – man befürchtete, sie könnten im Fall einer Auslieferung eine Mitschuld Deutschlands aufdecken. In Berlin hatten sie ihre eigenen ehrgeizigen Pläne zur Wiedergewinnung der Macht in der Türkei gesponnen und waren kreuz und quer durch Europa und Asien gereist – Talat nach Holland, Schweden, Italien, Cemal in die Schweiz und nach Georgien, Sakir und Enver nach Russland, andere nach Persien und Afghanistan, alle mit je verschiedenen Plänen für eine neue Machtergreifung.[26] Wären sie auf freiem Fuß geblieben, hätten sie für Kemals Regime eine fortdauernde Peinlichkeit dargestellt – indem sie stets an das erinnerten, was die CUP und Kemals neue Führung verband. Diese neue Führung wäre schließlich gezwungen gewesen, zu diesem Verhältnis öffentlich Stellung zu beziehen, was sie um jeden Preis vermeiden wollte. Ironischerweise wurde Kemal das Problem vom Zentralkomitee der Armenischen Revolutionären Partei, den Daschnaks, abgenommen. Bei einem Treffen in Eriwan beschloss die Partei, das Recht selbst in die Hand zu nehmen, und entsandte Agenten, welche die Urteile von Istanbul vollstrecken sollten. Im März 1921 wurde Talat vor seiner Wohnung in der Uhlandstraße erschossen, gleich hinter dem Kurfürstendamm. Im April 1922 wurden Sakir und Cemal Azmi wenige Häuser weiter in derselben Straße niedergeschossen; im Juli wurde Cemal in Tbilisi ermordet. Im August wurde Enver, der außerhalb der Reichweite der Daschnaks in Tadschikistan gegen die Bolschewiki kämpfte, aufgespürt – angeblich von einem armenischen Tschekisten – und getötet.[27] Nichts hätte der neuen Führung in Ankara gelegener kommen können als diese *tabula rasa*. Nun, da die Führungsriege der CUP beseitigt war, konnte Kemal daran gehen, eine Türkei nach seinem Bilde aufzubauen, unbelastet von problematischen Erinnerungen.

36   Drei Monate nach der Beerdigung Envers folgten die Osmanen endlich den Habsburgern, Romanows und Hohenzollern, als das Sultanat,
das die CUP so sorgfältig konserviert hatte, abgeschafft wurde. Ein Jahr
später, im Oktober 1923, wurde Kemal nach streng überwachten Wahlen
zum Präsidenten einer türkischen Republik ausgerufen. Der symbolische
Bruch mit den Jahrhunderten dynastischer Aura, an welcher der Unionismus noch festgehalten hatte, war drastisch genug, aber kaum mehr überraschend. Was nun aber kam, folgte keiner vorhersehbaren Logik. Im
Frühjahr 1924 schaffte Kemal das Kalifat ab, eine religiöse Institution,
die in der ganzen islamischen Welt noch heute Verehrung genießt (die
Protestwelle reichte bis nach Indien), und schickte sich bald an, Heiligengräber und Andachtsorte zu schließen, Derwischorden aufzulösen, den
Fez zu verbieten, den Kalender zu ändern, die Scharia durch das Zivil-
recht zu ersetzen und die arabische Schrift durch die lateinische. Umfang und Geschwindigkeit dieses Angriffs auf religiöse Tradition und vertraute Alltagspraxis, eines Angriffs, der Glauben, Zeitordnung, Kleidung,
Familie und Sprache erfasste, sind bis heute einzigartig in der *Umma*, der
Welt der Muslime. Niemand hätte eine derartige Radikalität vorhersehen
können. Seine visionäre Energie schied Kemal von seinen Vorgängern.

   Doch so systematisch sie betrieben wurde, die Verwandlung, welche
die Türkei nun durchlief, war sehr eigenartig: eine kulturelle Revolution
ohne eine soziale, etwas historisch höchst Seltenes – etwas, das man eigentlich a priori für unmöglich halten sollte.[28] Die Gesellschaftsstruktur,
die Eigentumsformen, das Muster der Klassenbeziehungen – all dies blieb
unverändert. Die CUP hatte alle Streiks und Gewerkschaften von Anfang
an unterdrückt; Kemal folgte ihr hierin. Kommunisten wurden getötet
oder eingesperrt, so reibungslos auch die diplomatischen Beziehungen zu
Russland sein mochten. Aber wenn dem Kemalismus jeder antikapitalistische Impuls fehlte, so besaß er auch keine nennenswerten antifeudalen
Züge. Das osmanische Herrschaftssystem, vorwiegend ein Staat von

Amtsinhabern, hatte auf dem Lande niemals eine mächtige Grundbesit-
zerklasse benötigt oder zugelassen, am allerwenigsten in Anatolien, wo
traditionell kleine Bauernhöfe überwogen – die einzige echte Ausnahme
bildeten Regionen des kurdischen Südostens, die unter der Kontrolle von
Stammesführern standen. Die Möglichkeiten einer Agrarreform waren
deshalb ohnehin viel stärker eingeschränkt als in Russland oder auch in
Teilen des Balkans, und eine derartige Reform unterblieb denn auch.

Trotzdem war die soziale Landschaft des von der kulturellen Revolution überrollten Landes in einer bestimmten Hinsicht das genaue Gegenteil einer stabilen traditionellen Gesellschaftsordnung. Wenn hinter der
Dynamik des Kemalismus keine Klassenkämpfe standen, so hatten doch
ethnische Umwälzungen riesigen Ausmaßes die anatolische Gesellschaft
umgeformt. Der Zustrom von Türken und Zirkassiern als Flüchtlinge
aus dem Krieg mit Russland oder den Balkankriegen, die Ausrottung
der Armenier, die Vertreibung der Griechen hatten in der immer noch
rückständigen Agrarökonomie zu einem riesigen Wirrwarr von Bevölke-
rungsteilen und Besitzansprüchen geführt. In dieser zerbrochenen Ordnung war es möglich, eine kulturelle Revolution von oben durchzuführen,
ohne dass von unten eine gewaltsame Reaktion erfolgte. Das Ausmaß
der – moralischen und materiellen – Entwurzelung nach einer Reihe von
Kriegen, die buchstäblich ununterbrochen ein Jahrzehnt lang angedauert
hatten (doppelt so lang wie in Europa), erlaubte die Durchführung eines
Kulturkampfs, der ansonsten vielleicht zu einer unkontrollierbaren Explosion des Widerstandes geführt hätte. Aus denselben Gründen setzte
die Revolution aber auch keine populäre Energie frei: Der Kemalismus
blieb eine vertikale Angelegenheit.

Obwohl er in einem entscheidenden Punkt scharf und abrupt mit der
osmanischen Kultur brach, indem er deren Schrift abschaffte und so mit
einem Schlag die neuen Generationen von der Vergangenheit abschnitt,
trat der Kemalismus in seiner Distanz zu den Massen nicht nur ein osma-

nisches Erbe an, er betonte diese Distanz noch stärker. Alle prämodernen Herrschaftsschichten sprachen Idiome, die auf die eine oder andere Weise – und sei es nur durch Akzent oder Vokabular – von der Sprache der Beherrschten unterschieden waren. Die osmanische Elite aber, lange Zeit nicht einmal vorwiegend aus Türken bestehend, war besonders weit von den Untertanen entfernt, ein Korps von Staatsdienern, denen die Beherrschung einer komplexen Sprache gemeinsam war, welche sich aus persischen, arabischen und türkischen Elementen zusammensetzte und viele ausländische Lehnwörter gebrauchte, für die Beherrschten ganz und gar unverständlich. Das Osmanische der Verwaltung war weniger elaboriert als die literarische Sprache, und das Türkische blieb im Hausgebrauch, doch trotzdem lag eine tiefe – sprachlich markierte – Kluft zwischen der hohen und der niederen Kultur des Reiches.[29]

Der Kemalismus machte sich daran, diesen Zustand abzuschaffen, indem er ein modernes Türkisch einführte, das nicht länger der verachtete Dialekt osmanischer Zeiten sein sollte, sondern eine gleichermaßen von allen Bürgern der neuen Republik gesprochene Sprache. Aber während der Kemalismus die Kluft zwischen Herrschern und Beherrschten an der Stelle zu überbrücken suchte, wo sie historisch am breitesten gewesen war, schuf er gleichzeitig eine Distanz, die in diesem Ausmaß vorher noch nie dagewesen war – so dass insgesamt das Trennende so stark blieb wie zuvor. Die Sprachreform mochte die Menschen vereinigen, die Religionsreform musste sie voneinander trennen. Der Glaube der osmanischen Eliten hatte mit der Volksgläubigkeit wenig gemein – das waren Kulte und abergläubische Bräuche, auf die der Gebildete herabsah. Aber immerhin gab es eine gemeinsame Anhänglichkeit an den Islam. Diese Verbindung wurde von Kemal durchtrennt. Als der Staat begann, Heiligengräber und Bruderschaften, Prediger und Gebetsversammlungen ins Visier zu nehmen, attackierte er traditionelle Gegenstände der Verehrung und Zuneigung, und die Massen leisteten Widerstand. Auf dieser Ebene scheiterte die kulturelle Revolution. Von der ländlichen und kleinstädtischen Mehrheit zurückgewiesen, wurde der kemalistische Säkularismus jedoch in den großen Städten mit aggressivem Eifer von den modernisierten Abkömmlingen der osmanischen Bürokratie übernommen – den Bürokraten, Offizieren, Freiberuflern. In dieser urbanen Schicht wurde ein stur intensiver Säkularismus so etwas wie eine eigene Ersatzreligion, und so ist es noch heute. Doch ist die Rigidität dieses Säkularismus besonders zerbrechlich. Nicht lediglich deshalb, weil er intellektuell dürftig ist oder sich von den volkstümlichen Gefühlen abgesondert hat, sondern aus einem tieferen Grund: weil immer strukturell eine tiefe Unaufrichtigkeit untrennbar mit ihm zusammenging.

Es gibt keinen Grund zu der Annahme, dass Kemal selbst sein Leben lang etwas anderes als ein robuster Atheist gewesen wäre, ein Atheist mehr oder weniger von jenem Typus, wie er in Frankreich für die Dritte Republik charakteristisch war. In diesem Sinne verdiente er es, dass man in ihm den türkischen Émile Combes sieht (der in Frankreich 1905 die Trennung von Kirche und Staat gesetzlich festschreiben ließ), eine Geißel des mönchischen Aberglaubens und der Geheimniskrämerei. Doch bei seinem Aufstieg zur Macht konnte er ebensowenig auf den Islam verzichten wie Talat oder Enver. »Gottes Hilfe und Schutz sind mit uns in dem heiligen Kampf, den wir für unser Vaterland begonnen haben«, erklärte er 1920.[30] Der Kampf um die Unabhängigkeit war ein heiliger Krieg, den er als *Gazi* führte, als Glaubenskrieger der einstigen osmanischen Expansion – ein Titel, an dem er bis Mitte der dreißiger Jahre festhielt. »Es gibt nur einen Gott, und groß ist seine Herrlichkeit!« verkündete er ohne zu erröten in einer Predigt an die Gläubigen in einer Moschee 1923.[31] Als die Verfassung der türkischen Republik im folgenden Jahr formuliert wurde, avancierte der Islam zur Staatsreligion. Die Haltung, mit der Kemal sich in diesen Jahren der muslimischen Frömmigkeit bediente, glich der Napoleons, der mit dem Segen des Papstes den Thron bestieg. Aber diese beiden Übungen in Zynismus bewegen sich in verschiedene Richtungen: Napoleon kam als Revolutionär an die Macht und manipulierte die Religion, um diese Macht zu festigen. Kemal manipulierte die Religion, um eine Revolution durchzusetzen, und wandte sich gegen den Glauben, als seine Macht stabil war. Nach 1926 hörte man nicht mehr viel über die Gottheit.

Dieser Einsatz des Islam durch das neue Regime, taktisch und auf Zeit, ließ sich rasch beenden, als man ihn nicht mehr brauchte. Aber auf einer tieferen Ebene war das Regime viel fester an eben jene Religion gebunden, die es oberflächlich betrachtet zu eliminieren suchte. Denn der türkische Säkularismus war auch in den Augenblicken fieberhaftester Erhitzung niemals wahrhaft säkular. Das rührt einerseits daher, dass der Kemalismus die Religion weniger vom Staat getrennt hat als sie ihm unterzuordnen. Es wurden »Direktorien« geschaffen, die das Eigentum an den Moscheen übernahmen, die Ernennung der Imame, die Verwaltung frommer Stiftungen – so dass der Glaube tatsächlich zu einem Teil der Bürokratie wurde. Ein viel tieferer Grund liegt aber darin, dass die Religion niemals von der *Nation* abgelöst wurde – stattdessen wurde sie zu einer unausgesprochenen Definition des Nationalen. Dies war es, was dem Kemalismus gestattete, mehr als nur ein Kult der Eliten zu werden, und was die Massen dauerhaft prägte. Der Säkularismus setzte sich auf der Ebene des Dorfes nicht durch: Der Nationalismus verwurzelte sich tiefer. Es ist möglich, dass er dabei – so argumentiert Carter Findley in seinem Buch *Turks in World History* – an eine lange kulturelle Tradition des Türkentums anknüpft, die in Zentralasien entstand und dem Islam schon vorausging, eine Tradition der Sakralisierung des Staates, welche das moderne Wort für diesen, *devlet*, mit ungewöhnlicher Potenz auflädt. Die Ambiguität des Kemalismus lag jedenfalls in der Konstruktion eines ideologischen Codes in zwei verschiedenen Registern. Eines davon war säkular und wandte sich an die Elite. Das andere war kryptoreligiös und für die Massen verständlich. Beiden gemeinsam war, dass die Integrität der Nation als ein höchster politischer Wertbegriff erschien.

Als Christen fanden sich Griechen und Armenier von Anfang an ausgeschlossen. Bei den ersten Wahlen zur Nationalversammlung im Jahre 1919 hatten nur Muslime das Stimmrecht, und als 1923 die Bevölkerungen »ausgetauscht« wurden, vertrieb man selbst griechische Gemeinden in Kilikien, die so gründlich assimiliert waren, dass sie Türkisch sprachen. Es waren eben Ungläubige – ihre Ethnizität wurde nicht kulturell, sondern religiös definiert. Solche Abtrennungen von der Nation verstanden sich ganz von selbst. Doch gab es eine weitere bedeutende Minderheit im Land, deren Angehörige oft nur wenig Türkisch konnten; man konnte man sie allerdings nicht auf dieselbe Weise eliminieren, weil es Muslime waren. Im ethnisch gesäuberten Anatolien machten die Kurden etwa ein Viertel der Bevölkerung aus. Sie hatten beim armenischen Genozid eine Hauptrolle gespielt und die Stoßtrupps der Ausrottung gestellt; sie hatten Seite an Seite mit den Türken im Unabhängigkeitskrieg gekämpft. Welchen Status sollten sie im neuen Staat erhalten?

Als der Unabhängigkeitskampf noch unentschieden war, versprach Kemal ihnen die Respektierung ihrer Identität und die Autonomie in jenen Regionen, wo sie in der Mehrzahl waren. »Es gibt Türken und Kurden«, erklärte er 1920, »die Nation besteht nicht aus einem Element. Es gibt verschiedene verbundene muslimische Elemente. Alle muslimischen Elemente, welche diese Einheit bilden, sind Staatsbürger.«[32] Als der Sieg aber feststand, wurden die kurdischen Gebiete mit türkischen Beamten besetzt, kurdische Ortsnamen wurden geändert und die kurdische Sprache vor Gericht und in der Schule verboten. Und mit der Aufhebung des Kalifats 1924 schaffte Kemal das gemeinsame Symbol des Islam ab, auf das er sich selbst noch fünf Jahre zuvor bezogen hatte, als er beschwor: »Türken und Kurden werden weiterhin als Brüder um die Institution des *khilafa* zusammenleben.«[33] Dieser Akt löste Anfang 1925 einen größeren Aufstand aus, den der religiöse Führer eines Kurdenstammes, Sheich Sait, lenkte. Die halbe türkische Armee, über fünfzigtausend Mann, wurde mobilisiert, um diesen Aufstand zu ersticken. Manchen Zählungen zufolge starben mehr Soldaten bei seiner Unterdrückung als im Unabhängigkeitskrieg.[34]

Im Südosten folgten der Niederschlagung dieser Erhebung Deportationen, Hinrichtungen und eine systematische Turkifizierung. Bezogen auf das ganze Land war sie das Signal für die Errichtung einer Diktatur, mit einem Gesetz zur Aufrechterhaltung der Ordnung, das die Oppositionsparteien und die freie Presse bis zum Ende des Jahrzehnts abschaffte. 1937 erhoben sich angesichts von noch drastischeren Zwangsmaßnahmen zur Durchsetzung des Türkischen alewitische Kurden in der Region Dersim. Sie wurden noch unbarmherziger niedergemacht, mit moderneren Zerstörungswaffen: Bomben, Gas, schwerer Artillerie. Offiziell hatten nun die Kurden aufgehört zu existieren. Nach 1925 sprach Kemal das Wort »Kurde« in der Öffentlichkeit nie mehr aus. Die Nation bestand aus einem einzigen homogenen Volk und ausschließlich aus diesem: aus Türken. Diese Fiktion sollte drei Generationen lang fortherrschen.

Wenn aber die Kurden nicht von den Türken zu unterscheiden waren (wie immer auch ihre Sprache, ihre Gebräuche oder ihr Selbstgefühl beschaffen sein mochten) – was machte dann die unzertrennliche Identität beider aus? Stillschweigend konnte es eben nur das sein, was der Kemalismus sich nicht mehr eingestehen durfte: die Religion. Es gab immer noch kleine christliche und jüdische Gemeinden im Land, die sich vorwiegend in Istanbul und seiner Umgebung erhalten hatten, und sie wurden nun auf eine Weise behandelt, die klarstellte, wie fundamental die Unterscheidung von Gläubigen und Ungläubigen im kemalistischen Staat weiterhin blieb. Obwohl aber der Islam den Umriss der Nation lieferte, geschah dies auf rein negative Weise – er war jene heimliche Identität, die übriggeblieben war, nachdem jegliche positive Bestimmung im Namen der Homogenität eliminiert worden war. Als Ergebnis ist der türkische Säkularismus immer von dem abhängig geblieben, was er unterdrückt hat.

Diese Unterdrückung verlangte natürlich nach Kompensation. Nachdem die Religion nicht mehr öffentlich als gemeinsame Ausdrucksform der Nation in Erscheinung treten durfte, brauchte der Staat zur ideologischen Zementierung des Zusammengehörigkeitsgefühls einen Ersatz. Kemal versuchte das Problem zu lösen, indem er ein legendäres rassisches und kulturelles Wesen des Türkentums erfand, an dem alle in der türkischen Republik Anteil hatten. Die Materialien, die für eine solche Konstruktion bereitlagen, bargen allerdings ihre eigenen Schwierigkeiten. Die ersten türkischen Stämme waren im elften Jahrhundert in Anatolien angelangt – späte Neuankömmlinge, verglichen mit den Griechen oder Armeniern, die damals schon über ein Jahrtausend lang dagewesen waren (von den Kurden zu schweigen, die oft mit den Medern der Antike identifiziert werden). Wie selbst ein flüchtiger Blick auf das Straßenbild der heutigen Türkei zeigt, folgten Jahrhunderte genetischer Vermischung. Eine rein türkische Kultur war ein ebenso dubioses Konstrukt. Die osmanische Elite hatte literarische und bildliche Kostbarkeiten geschaffen, auf die jede Gesellschaft stolz sein könnte, aber sie vertrat eine kosmopolitische Kultur, die sich vom Türkischen nicht nur deutlich unterschied, sondern das allzu Türkische geradezu verachtete – selbst das Wort »Türke« als solches bezeichnete bis weit ins neunzehnte Jahrhundert einen ländlichen Flegel. Und durch die Schriftreform wurde der größte Teil dieses Erbes ohnehin unzugänglich.

Ohne sich von alledem einschüchtern zu lassen, schuf Kemal nun zur Erziehung der Türken den extravagantesten Mythos, den der Nationalismus irgendwo zwischen den Kriegen hervorgebracht hat. Mitte der dreißiger Jahre propagierte sein Staat schließlich eine Ideologie, derzufolge

44 die Türken – zu denen als mittelmeerische Zweige die Hethiter und Phöni-
zier gehörten – von Zentralasien aus die Zivilisation über die ganze Welt
verbreitet hatten, von China bis Brasilien; als verkörperte Triebkraft der
Universalgeschichte sprachen sie eine Sprache, die der Ursprung aller anderen Sprachen war – diese stammen sämtlich vom Idiom der ersten Türken ab.[35] Ein derartiger ethnischer Größenwahnsinn spiegelt das Ausmaß
der uneingestandenen Unsicherheitsgefühle und die vollkommene Künstlichkeit des ganzen Unterfangens: Je weniger es gab, dessen man sich gewiss sein konnte, um so geller mussten die Fanfarenstöße tönen.

Erich Auerbach schrieb als Beobachter der kemalistischen Kultur-
politik in den Jahren 1936–1937 aus Istanbul an Walter Benjamin, der
Wechsel vollziehe sich mit fantastischer und unheimlicher Schnelligkeit.
Kaum jemand beherrsche noch Arabisch oder Persisch, und selbst türkische Texte des vorigen Jahrhunderts würden wohl schon bald unverständlich. Die Entwicklung verbinde die Ablehnung der islamischen
Kulturtradition, die Konstruktion einer erdichteten Urtürkei und eine
technische Modernisierung nach europäischem Modell, um später einmal das verhasste und beneidete Europa mit seinen eigenen Waffen zu
schlagen. So ergebe sich ein Nationalismus im Superlativ während gleichzeitig der historische Nationalcharakter zerstört werde.[36]

Siebzig Jahre später dachte ein türkischer Intellektueller über die tiefere Logik dieses Prozesses nach. In einem Essay von unvergleichlicher
Kraft, einem der wichtigsten Texte der Weltliteratur zur Frage des Nationalismus, hat der Soziologe Çaglar Keyder die nachträgliche Ausstaffie-
rung Anatoliens mit Urtürken in Gestalt von Hethitern und Trojanern als
Kompensationsmechanismus beschrieben. So soll jene Leere gefüllt werden, welche die ethnische Säuberung hinterlassen hat, die am Ursprung
des Regimes steht. Die Unterdrückung dieser Erinnerung schuf eine Komplizenschaft des Schweigens zwischen Herrschern und Beherrschten, aber
kein Band der Volkstümlichkeit, wie es durch einen wirklichen antiimpe-

rialistischen Kampf entstanden wäre – der Unabhängigkeitskrieg bleibt eine geringfügige Angelegenheit neben der traumatischen Massenerfahrung des Ersten Weltkriegs. Abstrakt in ihrer Raumauffassung, manisch in ihren Zeitkonstruktionen, bekam die offizielle Ideologie einen eigenartigen Weisungscharakter, mit allem, was das Wort beinhaltet. »Die Wahl dieses speziellen Gründungsmythos, der die Nationalgeschichte auf eine ganz offensichtlich erfundene Historie verwies, die Entterritorialisierung des ›Mutterlandes‹ und die bemühte Vermeidung und Verdrängung dessen, was eine gemeinsame Erfahrung der jüngsten Vergangenheit war, ließen den türkischen Nationalismus ungewöhnlich steril werden.«[37]

Ein derartiger Nationalismus war eine neue Form, aber die verdrängte Erfahrung dahinter verband ihn sehr intim mit jenem Nationalismus, dem er entwachsen war. Die Kontinuitätslinien zwischen Kemalismus und Unionismus, deutlich zu erkennen in der Behandlung der Kurden durch die Republik, lagen anderenorts noch krasser zutage. Denn der Versuch, die Armenier auszulöschen, endete nicht im Jahre 1916. Entschlossen, den armenischen Staat zu verhindern, der auf dem Gebiet entstehen sollte, das den Armeniern kostenlos, auf dem Papier, 1920 von Woodrow Wilson zugesprochen worden war, befahl Kemals Regierung noch im gleichen Jahr in Ankara einen Angriff auf die armenische Republik, die auf der anderen Seite der russischen Kaukasusgrenze entstanden war – wohin sich die meisten geflüchtet hatten, die dem Massenmord 1915–1916 entronnen waren. In einem Geheimtelegramm instruierte das Außenministerium den mit der Invasion beauftragten Befehlshaber Kazim Karabekir, er solle »die Armenier täuschen und die Europäer hinters Licht führen«, um den ausdrücklichen Befehl umzusetzen: »Es ist unverzichtbar, dass Armenien politisch und physisch vernichtet wird.«[38] Sowjetische Historiker schätzen, dass im Verlauf von fünf Monaten etwa vierhunderttausend Menschen ermordet wurden, ehe die Rote Armee eingriff.

Dies geschah auf gewisse Weise immer noch in Kriegszeiten. Wie stellte sich dann die türkische Republik zu dem ursprünglichen Völkermord, nachdem Friede geschlossen worden war? Interessierten Ausländern gegenüber beklagte Kemal – gewöhnlich in vertraulichen Gesprächen – die Tötungen als das Werk einer Handvoll Schufte. Der heimischen Öffentlichkeit gegenüber ließ das Regime es sich aber angelegen sein, die Täter, verstorben oder am Leben, nachdrücklich zu ehren. Zwei der bekanntesten Mörder, die 1920 für ihre Greueltaten nach einem Urteil der Istanbuler Gerichte aufgehängt worden waren, wurden vom kemalistischen Parlament zu »nationalen Märtyrern« erklärt, und 1926 erhielten die Familien von Talat, Enver, Sakir und Cemal als Anerkennung von deren Verdiensten um die Nation offizielle Pensionen. Außerdem wurden ihnen Land und Eigentum zugesprochen, das bei Armeniern enteignet worden war. Derartige Entscheidungen waren nicht lediglich sentimentale Gesten. Das Regime Kemals war von oben bis unten mit Teilnehmern an den Massakern der Jahre 1915–1916 durchsetzt. Zum einen oder anderen Zeitpunkt waren sein Außen- und sein Innenminister, die Finanz-, Bildungs-, Verteidigungs- und Bauminister allesamt Veteranen des Genozids, während ein Justizminister passenderweise bei den Istanbuler Prozessen als Verteidiger aufgetreten war.[39] Es war, als hätte sich Adenauers Kabinett aus bekannten SS-Leuten und Angehörigen des Sicherheitsdienstes zusammengesetzt.

Wie stand es mit Kemal selbst? Er war bis Ende 1915 in Gallipoli und wurde im Frühjahr 1916 nach Diyarbakir im Südosten versetzt, nachdem die Armenier aus der Region verschwunden waren. Er wusste natürlich von dem Genozid – ein Mann in seiner Position konnte darüber kaum im Unklaren bleiben –, aber er hatte keinen aktiven Part übernommen. Wie er sich verhalten hätte, wenn er früher in der Gegend gewesen wäre, lässt sich unmöglich sagen. Es ist klar, dass er nachher in den Greueln eine vollendete Tatsache sah – eine, die zu den Voraussetzungen der neuen

Türkei zählte. Darin war er sich mit den meisten seiner Landsleute einig, denn von der Auslöschung der Armenier in Anatolien, die mindestens ein Zehntel der Bevölkerung gebildet hatten (während die Juden in Deutschland nur ein Prozent ausmachten), profitierte eine große Zahl normaler Bürger, die den Besitz und die Ländereien der Getöteten übernahmen – wie auch jene der vertriebenen Griechen, die ebenfalls ein Bevölkerungszehntel darstellten. Kemal selbst gehörte zu den Empfängern solcher Beutestücke: Er bekam gratis Villen, die griechische Eigentümer in Bursa und Trabzon zurückgelassen hatten, sowie das Herrenhaus auf dem Berg Çankaya, das seine offizielle Residenz als Staatsoberhaupt in Ankara wurde. Auf diesem Grundstück, ursprünglich Besitz einer armenischen Familie, steht der Präsidentenpalast der Republik noch heute, auch er auf Beuteland aus dem Genozid errichtet.

Doch ist es ein Unterschied, ob man ein Verbrechen begangen oder lediglich von ihm profitiert hat. Kemal war eines der stärksten Beispiele der Geschichte für »moralisches Glück« – um dieses philosophische Oxymoron zu zitieren, aus dem Bernard Williams eine kryptische Gnadenwahl macht. Durch den Zufall militärischer Versetzungen waren seine Hände nicht vom Schlimmsten befleckt, das zu seiner Zeit begangen wurde, so dass er nach dem Kriege ein natürlicher Kandidat für die Führung der nationalen Bewegung war. Persönlich war er mutig, intelligent und weitsichtig. Zunächst als militärischer Befehlshaber erfolgreich, war er dann als Erbauer seines Staates höchst beeindruckend. Kühn oder vorsichtig, wie es der Anlass erforderte, zeigte er einen unerschütterlichen Realismus beim Erwerb und bei der Ausübung von Macht. Doch bewegten ihn auch aufrichtige Ideale: Er wollte ein besseres Leben für sein Volk, worunter er sich den Eintritt in eine zivilisierte Moderne vorstellte, nach dem Modell der am weitesten fortgeschrittenen Gesellschaften der Zeit. Was immer aus diesen Idealen in der Praxis wurde, er wandte sich nicht von ihnen ab.

Ziele waren das eine, Mittel das andere. Kemals Regime war eine Einparteiendiktatur, errichtet um einen Personenkult von heroischen Dimensionen. Reiterdenkmäler Kemals wurden bereits 1926 errichtet, lange ehe man Stalin in Russland Monumente setzen konnte. Die Rede, die er 1927 hielt und die zum offiziellen Glaubensbekenntnis der Nation wurde, stellt alle Ansprachen Chruschtschows oder Castros in den Schatten. Er pries seine eigenen Leistungen und sprach über sechs Tage hinweg insgesamt sechsunddreißig Stunden lang; gedruckt füllt diese Rede sechshundert Seiten, ein Rekord in den Annalen der Autokratie. Im Krieg hart geworden, schätzte er den Wert eines Lebens gering ein und verhängte ohne Zögern über alle den Tod, die ihm im Wege standen. Kurden fielen zu Zehntausenden, obwohl sie am Ende, zwangsweise zu Türken erklärt, nicht ausgerottet wurden. Kommunisten wurden ermordet oder inhaftiert; der größte Dichter des Landes, Nazim Hikmet, verbrachte die meiste Zeit seines Lebens im Gefängnis oder im Exil. Kemal konnte einstige Bekannte verschonen. Aber Gewerkschaftler, die sich ihm entgegenstellten, wurden hingerichtet, das Ergebnis von Gerichtsverfahren wurde vorher festgelegt, die Presse geknebelt. Das Regime drängte sich, gemessen an modernen Maßstäben, nicht zu weit in das Alltagsleben der Menschen, aber die Unterdrückung oppositioneller Regungen war Routine.

Es ist üblich und auch vernünftig, Kemals Herrschaft mit den anderen mediterranen Diktaturen seiner Epoche zu vergleichen. In diesem trüben Licht treten seine relativen Verdienste hervor. Einmal war Kemal im Gegensatz zu Salazar, Franco oder Metaxas kein traditioneller Konservativer, der zusammen mit der Kirche einen reaktionären Moralkodex durchsetzte, kein Feind des Fortschritts, wie die Zeit diesen verstand. Er war ein entschlossener Modernisierer, der nicht als Schutzherr von Grundbesitzern und Bankiers an die Macht gekommen war. Für ihn war der Staat alles – Familie und Religion waren nichts oder doch nur verzichtbare Hilfskonstruktionen. Andererseits sann er im Gegensatz zu Mussolini, der auch ein Modernist war (einer, von dem Kemal das Strafgesetzbuch übernahm, unter dem die Türkei heute noch leidet), nicht auf aggressive Erweiterung; er träumte nicht davon, in der Region ein Imperium aufzubauen. Die Wiedergewinnung von so viel mehr Land, als es 1918 möglich erschien, war eine ausreichende Leistung – auch wenn die Grenzen der Türkei noch ein wenig verbesserungsfähig blieben; eine seiner letzten Taten war die Annexion von Alexandretta (dem jetzigen Iskenderun) mit Hilfe einer schwachen Regierung in Paris. Doch dem imperialen Bombast des faschistischen Rom erlaubte er keinen Raum – er war ein erfahrener Soldat, kein Abenteurer, und das Schicksal Envers stand ihm zu deutlich vor Augen. Kemal hielt keine Massenversammlungen ab, bombardierte die Nation nicht mit Radioansprachen, hielt nichts von spektakulären Prozessionen oder Paraden. Er versuchte nicht, die Massen zu mobilisieren – hierin glich die Türkei eher Portugal oder Griechenland als Italien. Eine derartige Mobilisierung war auch überflüssig, da es so wenig Klassenkonflikte gab, die man hätte eindämmen oder unterdrücken müssen.

Doch eben weil sein Regime ohne Massenbasis auskam, war Kemal zu Reformen in der Lage, an die Mussolini nicht denken konnte. 1934 bekamen die türkischen Frauen das Stimmrecht – eine Veränderung, die in Italien oder Frankreich erst 1945 eintrat, in Griechenland Mitte der fünfziger, in Portugal Mitte der siebziger Jahre. Doch zeigten sich hier auch die Grenzen seiner kulturellen Revolution: neunzig Prozent der türkischen Frauen waren bei seinem Tod immer noch Analphabetinnen. Das Land hatte sich nicht in die moderne Gesellschaft verwandelt, von der er geträumt hatte. Es blieb arm, vorwiegend landwirtschaftlich strukturiert, es lag eher halberstickt als emanzipiert im festen Griff des Vaters der Türken, wie er sich im letzten Lebensabschnitt nennen ließ.

Am Ende ahnte Kemal wahrscheinlich, dass er gescheitert war. Gewissheit über seine letzten Jahre kann es nicht geben, da so viel von seinem

Leben immer noch wohlgehütetes Staatsgeheimnis bleibt. Man kann nur Vermutungen anstellen. Klar ist, dass er die administrative Routine nie mochte und die alltäglichen Regierungsgeschäfte seit den späten zwanziger Jahren einem mediokren Untergebenen überließ, Ismet, später Inönü genannt, der sich als Premierminister um all diese Angelegenheiten kümmerte. So stand es Kemal frei, sich seinen Plänen, Vergnügungen und Vorlieben zu widmen – in den Salons von Çankaya, den Nachtklubs von Ankara und den Grandhotels von Pera. Dorthin bestellte er Kollegen und Kumpane zu nächtelangen Sitzungen am Spieltisch oder zum Feiern, zunehmend entfernt von den Tagesrealitäten. Die Vorliebe für solche flackernd erleuchteten Festivitäten teilte er mit Stalin und Mao. Alle drei waren am Ende nächtliche Herrscher, als suche die Tyrannei die Verstohlenheit des Dunkels und die Umkehrung der richtigen Ordnung der Stunden, damit der Herrscher seine Werkzeuge enger an sich binden kann. Die Ähnlichkeiten hören hier nicht auf. Wenn Kemals Distanz zu den Regierungsgeschäften an Mao erinnert (auch bei Kemal war es eine Distanz, die genaue Aufmerksamkeit bei wichtigen politischen Operationen nicht ausschloss, etwa der Verheerung von Dersim im Gefolge des Kurdenaufstands von 1937 oder dem Anschluss von Alexandretta ein Jahr danach), so fanden die fantastischen Sprachtheorien, die ihn beschäftigten, ihre Entsprechung in den linguistischen Ukassen der letzten Jahre Stalins. Alle drei wurden in dem Maße, in dem sie sich aus dem Tageslicht zurückzogen, misstrauisch gegenüber denen, die dort noch weiterhin leben mussten.

Doch bildet Kemal in der Taxonomie der Diktatoren in einer Hinsicht einen ungewöhnlichen Sonderfall. Wenn die Mitglieder des Politbüros sich in Stalins Villa versammelten, wurde die ganze Nacht hindurch Schnaps eingeschenkt, doch der Generalsekretär selbst achtete genau darauf, den eigenen Konsum zu kontrollieren – um seine Entourage um so leichter zum Kontrollverlust zu zwingen und sich anzuhören,

was die Genossen wohl im Suff zu sagen hatten. Kemals Versammlungen
waren echte Gelage. Er war immer ein starker Trinker gewesen, der nach
Art eines flotten Offiziers viel vertragen konnte, doch in seinen späten
Jahren setzte ihm der Raki immer mehr zu. Normalerweise ist die abso-
lute Macht ein so viel stärkeres Rauschmittel als alle anderen, dass der
Alkohol – den der Diktator nicht selten ganz meidet – höchstens eine
Beiläufigkeit darstellt. Doch bei Kemal wurde (vielleicht, weil eine ge-
wisse Skepsis in ihm steckte, weil eine geheime Langeweile angesichts der
Macht ihn daran hinderte, der Machtdroge ganz zu verfallen) das fort-
während Trinken schließlich zum Alkoholismus.

Als die Freuden des Willens einmal begonnen hatten, den Freuden
des Fleisches Platz zu machen, waren die Frauen der zweite naheliegende
Trost. Aber sie boten ihm keinen Schutz gegen seine Einsamkeit; wirklich
unbefangen war er nur unter Männern. In seinen Lebensgewohnheiten
ein vom Kasernenleben geprägter Soldat, hätte er sich gerne mit größerer Eleganz in gemischter Gesellschaft bewegt (diesem Symbol westlicher
Lebensart seit Montesquieus *Lettres Persanes*), doch dafür war er zu
grobschlächtig. Die Ehe mit der westlich erzogenen Tochter eines wohlhabenden Kaufmanns ging ein paar Jahre lang gut. Dann folgten immer wieder Zufallsbegegnungen und Zufallsverbindungen, manchmal
mit ausländischen Damen. Er stand im Ruf eines zunehmend tolldreisten
Lebemanns. Die Zahl seiner Adoptivtöchter, welche (ein weniger moderner Zug) von einem schwarzen Eunuchen bewacht wurden, stieg stetig
an. Gegen Ende zeigen die Photographien von ihm so etwas wie den
glasigen Blick eines erschöpften Wüstlings: einen General, der sich gro-
teskerweise auf eine verfallene Foyerschranze reduziert sieht und auf den
um die Ecke die endgültige Leere wartet. Er litt an Leberzirrhose. Ende
1938 starb er im Alter von nur siebenundfünfzig Jahren.

Ein Herrscher, der sich aus Verzweiflung über die letztendliche Frucht-
losigkeit seiner Regierung dem Trunk ergab – das ist jedenfalls eine der

Vermutungen, die man von kritischen Köpfen in der heutigen Türkei hören kann. Eine andere, nicht notwendigerweise hierzu im Widerspruch stehende würde sich an Hegels Beschreibung der römischen Autokraten erinnern: »In dem Individuum des Imperator ist die particulare Subjectivität zur völlig maaßlosen Wirklichkeit gekommen. Der Geist ist ganz außer sich gekommen, indem die Endlichkeit des Seyns und des Wollens zu einem Unbeschränkten gemacht ist … Die particulare Subjectivität in ihrer völligen Losgebundenheit hat keine Innerlichkeit, kein Vor- noch Rückwärts, keine Reue, noch Hoffnung, noch Furcht, keinen Gedanken, – denn alles dieses enthält feste Bestimmungen und Zwecke; hier aber ist alle Bestimmung völlig zufällig. Sie ist die Begierde, die Lust, die Leidenschaft, der Einfall, kurz die Willkür in ihrer gänzlichen Unbeschränktheit. An dem Willen Andrer hat sie so wenig eine Schranke, dass vielmehr das Verhältnis von Willen zu Willen das der unbeschränkten Herrschaft und Knechtschaft ist.«[40]

Dieses Bild ist von stark gehöhter Farbigkeit, und kein moderner Herrscher hat ihm je ganz entsprochen – sei es auch nur deswegen, weil die Ideologie typischerweise von der Tyrannis nicht mehr zu trennen ist, während in der Antike alles in allem die Legitimität hinreichte. Aber es ist das Porträt einer Art Launenhaftigkeit der Macht, es deutet an, was im Kontext einer anderen Interpretation das innere Dämmergrau der Diktatur Kemals gewesen sein könnte.

Sein Nachfolger, den er am Ende eigentlich hatte entlassen wollen, war eine gänzlich andere Figur. Inönü hatte als CUP-Offizier 1916 unter Kemal gedient, im Kriegsministerium in den Jahren 1919–1920 mit dem *Karakol* kollaboriert und im Unabhängigkeitskampf ein höheres Kommando innegehabt. Er war stur, fromm und konservativ, in Erscheinung und Haltung einem etwas schlankeren türkischen Franco nicht unähnlich. Als sich 1938 der Krieg in Europa am Horizont abzeichnete, suchte

sein Regime eine Verständigung mit Deutschland, wurde in Berlin aber
brüsk abgewiesen, weil man sich dort gerade um die Gunst arabischer
Staaten bemühte, welche den türkischen Revanchismus fürchteten. Um
sich gegen die italienischen Expansionsgelüste und die möglichen Folgen
des Hitler-Stalin-Pakts für die Türkei zu sichern, unterzeichnete Ankara
daraufhin kurz nach Kriegsausbruch einen Verteidigungsvertrag mit England und Frankreich. Als Italien jedoch 1940 Frankreich angriff, kam
Inönü seinen Verpflichtungen keineswegs nach, und im nächsten Jahr
hatte er bereits einen Nichtangriffspakt mit Deutschland abgeschlossen.
Vier Tage darauf, als Hitler in Russland einmarschierte, war die türkische
Führung »überglücklich«.[41]

Envers Bruder Nuri wurde sofort nach Berlin entsandt, um dort zu
erörtern, ob man nicht die Turkvölker in der UdSSR zu einem Aufstand
auf Seiten der Nazis bringen könnte, und zwei türkische Generäle, Emir
Hüskü Erkilet und Ali Fuad Erden, bereisten bald die deutsche Front in
Russland. Nachdem sie durch Rundstedt im Felde instruiert worden waren, flog man sie nach Rastenburg, wo sie den Führer persönlich trafen.
»Hitler«, so berichtete General Erkilet mit größtem Enthusiasmus, »empfing uns mit einer unbeschreiblichen Bescheidenheit und Schlichtheit in
seinem Hauptquartier, wo er die militärischen Operationen befehligt und
Anordnungen trifft. Es ist ein großer Raum. Der lange Tisch in der Mitte
und die Wände waren mit Karten bedeckt, welche die jeweiligen Positionen in den Kampfgebieten zeigten. Trotzdem verbargen oder bedeckten
sie diese Karten nicht, ein deutliches Zeichen, dass sie uns vertrauen und
achten. Ich brachte meine Dankbarkeit für die Einladung zum Ausdruck.
Dann wandte er sich halb der Karte zu. Gleichzeitig sah er mir in die
Augen, als suche er etwas. Seine dunklen Augen und seine Stirnlocke
waren sanfter, lebhafter und attraktiver als auf den Photographien. Sein
süddeutscher Tonfall, sein reines, förmliches Deutsch, seine ganz eigene,
machtvolle Stimme, seine standhafte Haltung sind voll Charakter.«

Nachdem er den Türken mitgeteilt hatte, sie seien von direkten Verbündeten abgesehen die ersten Ausländer, die in die Wolfsschanze vorge-
lassen worden wären, und ihnen die vollständige Zerstörung Russlands
versprochen hatte, »betonte der Führer auch: ›Dieser Krieg ist eine Fort-
setzung des alten, und jene, die am Ende des letzten Krieges Verluste hinnehmen mussten, würden in diesem Krieg entschädigt werden.‹«[42] Erkilet
und Fuad dankten ihm überschwenglich für »diese sehr wichtigen und
wertvollen Worte« und eilten dann zurück, um sie dem »Nationalen An-
führer« mitzuteilen, wie sich Inönü gerne bezeichnen ließ.

Moskau nahm diese Mission nicht auf die leichte Schulter. Innerhalb
einer Woche hatte Stalin eine Erklärung abgegeben, in welcher Erkilets
Unterredung mit Hitler angeprangert wurde, und bald danach leitete die
Sowjetunion eine höchst riskante Operation ein, um dieses Kartell zur
Herbeiführung gemeinsamer Entschädigungen für die Verluste des Jahres
1918 zu torpedieren. Entschlossen, den Schulterschluss türkischer Truppen mit den Deutschen im Kaukasus zu verhindern, schickte Stalin einen
Spitzenagenten des NKWD, Leonid Eitingon (verantwortlich für die Ermordung Trotzkijs zwei Jahre zuvor), nach Ankara, um dort den deutschen Botschafter, von Papen, zu töten – in der Hoffnung, dies würde
Hitler zu einer Strafaktion gegen die Türkei provozieren.[43] Der Versuch
misslang, und seine Hintergründe wurden rasch entdeckt. Doch hatte
Moskau tatsächlich allen Grund zur Besorgnis. Im August 1942 sagte der
türkische Premierminister Saraçoglu zu von Papen, als Türke »ersehne
er leidenschaftlich die Vernichtung Russlands«. Tatsächlich war es seine
Ansicht, »dass Deutschland das russische Problem nur unter der Voraussetzung lösen kann, dass mindestens die Hälfte aller in Russland lebenden
Russen ausradiert wird.«[44] Noch im Sommer 1943 bereiste eine weitere
türkische Militärmission nicht nur die Ostfront, sondern auch den West-
wall in Frankreich, ehe sie wieder zu einer Audienz in der Wolfsschanze
flog. Der Krieg hatte den alten unionistischen Ehrgeiz wiedererweckt:

Die Türkei versuchte sich mit diversen Manövern den Anspruch auf verschiedene Gebiete zu sichern – Westthrakien, den Dodekanes, Syrien, die
Region um Mossul sowie ein Protektorat über Albanien.

Die Annäherung an die neue Weltordnung der Nazis war nicht
auf die Außenpolitik beschränkt. Im Juli 1941 wurden alle nichtmuslimischen Männer im Einberufungsalter – Juden, Griechen, letzte Armenier – in Arbeitslager im Landesinneren geschafft. Im November 1943,
als die Schlacht um Stalingrad tobte, wurde Juden und Christen eine
»Reichtumssteuer« aufgezwungen, nach der sie bis zu zehnmal soviel
zahlen mussten wie Muslime, begleitet von antisemitischen Tiraden und
Angriffen auf die Ungläubigen in der Presse. Türkische Beamte sahen sich
Untersuchungen ausgesetzt, ob sie vielleicht jüdischer Herkunft waren.
Wer den Forderungen lokaler Untersuchungskomitees nicht nachkom-
men konnte oder wollte, wurde in Straflager im Gebirge deportiert. Diese
Politik führte zur Zerstörung des größten Teils der nichtmuslimischen
Geschäfte in Istanbul.

Eine solche Operation, die ganz unverhohlen ethnisch-religiöse Minderheiten aufs Korn nahm, entsprach genau dem türkischen Integritätsnationalismus, dessen Traditionslinie vom Unionismus zum Kemalismus
führte. »Allein die türkische Nation kann den Anspruch auf ethnische
und nationale Rechte in diesem Land erheben. Kein anderes Element hat
dieses Recht«, hatte Inönü ein Jahrzehnt zuvor erklärt. Sein Justizminister präzisierte das: »Der Türke muss der ausschließliche Herr und Meis-
ter in diesem Land sein. Wer nicht türkischer Herkunft ist, der kann hier
nur ein einziges Recht haben, das Recht, Diener und Sklave zu sein.«[45]
Bemerkenswert war an der Kampagne der Jahre 1942–1943 lediglich
das Ausmaß ihres Antisemitismus und der Umstand, dass das Regime
Inönüs – unter großem ökonomischem Druck wegen der Kosten eines
stark erweiterten Militärbudgets – überhaupt einen Teil seiner Steuer-
ansprüche bei den Muslimen befriedigte. Jüdische Konvertiten zum Is-

lam wurden in diesem Fall übrigens nicht der Zahl der Gläubigen zuge-
rechnet. Dies war das Klima, in dem Hitler die zahlreichen türkischen
Komplimente erwiderte, indem er die sterblichen Überreste Talats nach
Hause schickte, in einem zeremoniell mit Hakenkreuzfahnen behängten
Zug, damit der Tote mit allen Ehren in Istanbul bestattet werden konnte –
neben dem Märtyrerdenkmal auf dem Freiheitsberg, zu dem Patrioten
bis zum heutigen Tag ihren Weg nehmen können.[46]

Als sich jedoch der Wind drehte und es so aussah, als könne Deutschland in Russland unterliegen, änderte Ankara seine Haltung. Während
man weiterhin das Chrom nach Deutschland lieferte, von dem die Kriegs-
maschinerie der Nazis abhängig war, ließ Inönü sich nun auch Avancen
von England und Amerika machen. Er wich aber dem angloamerikanischen Drängen aus, sich eindeutig auf die Seite der Alliierten zu stellen, und er machte klar, dass sein Hauptanliegen der Antikommunismus
war. Die Sowjetunion war der eigentliche Feind, und die Türkei stellte
sich offen jeder britischen oder amerikanischen Strategie entgegen, die
das Risiko enthielt, dass Deutschland als Bastion gegen die Sowjetunion
ausfallen könnte. Er hoffte, London und Washington würden einen Sepa-
ratfrieden mit Deutschland schließen, im Hinblick auf eine zukünftige
gemeinsame Aktion gegen Moskau. Inönü, den das Beharren auf einer
bedingungslosen Kapitulation des Deutschen Reiches entsetzte, gab eine
Pro-Forma-Kriegserklärung an Deutschland erst dann ab, als die Alliierten dies zur Bedingung für die Erlangung eines türkischen Sitzes bei den
Vereinten Nationen gemacht hatten – eine Woche vor Ablauf der gesetz-
ten Frist, Ende Februar 1945. Im Kampf gegen den Faschismus fiel kein
türkischer Schuss.

Der Frieden sah das Regime in einer prekären Lage. Innenpolitisch
war es bei der Mehrheit der Bevölkerung nun gründlich verhasst, da je-
dermann unter einem steilen Sturz des Lebensstandards zu leiden hatte,
als die Preise stiegen, die Steuern sich erhöhten und für die Zwecke der

Aufrüstung Zwangsarbeitsleistungen eingefordert wurden. Die Inflation hatte alle Klassen erfasst und nicht einmal die Bürokratie verschont, und die Reichtumssteuer hatte sogar die wirklich Reichen nervös gemacht. Außenpolitisch war das Regime durch seinen Flirt mit den Nazis kompromittiert (den publik zu machen sich die Nachkriegsdiplomatie der Sowjetunion beeilte) und durch seine Weigerung, irgendetwas zum Sieg der Alliierten beizutragen, selbst nachdem er schon feststand.

Inönü, der sich seiner Unbeliebtheit bewusst war, versuchte diese Anfang 1945 durch eine verspätete Landreform wettzumachen, was aber nur zu einer Revolte innerhalb der Regierungspartei führte, ohne dass dadurch seine Politik auf dem Lande glaubhafter geworden wäre. Es brauchte mehr. Sechs Monate später kündigte er freie Wahlen an. Die Türkei, seit zwanzig Jahren eine Diktatur, würde nun eine Demokratie werden. Inönü wollte so zwei Fliegen mit einer Klappe schlagen. Im Ausland würde sein Regime über eine neue Legitimität verfügen, als respektabler Partner des Westens, der seinen Platz in der Reihe der um die USA gescharten freien Nationen einnehmen würde (und auch Anspruch auf die entsprechenden Vergünstigungen hätte). Daheim konnte so die Unzufriedenheit neutralisiert werden, indem man der Opposition ein Ventil ließ, ohne die Stabilität der Herrschaft zu gefährden. Denn er hatte nicht die Absicht, wirklich freie Wahlen zuzulassen.

1946 bestätigte eine schamlos manipulierte Wahl die herrschende Republikanische Volkspartei, die mit großer Mehrheit eine Demokratische Partei besiegte, die sich aus den Abtrünnigen gebildet hatte, welche die Partei beim Streit über das Agrargesetz verlassen hatten. Der Betrug war derart skandalös, dass er innenpolitisch den Ruf des Regimes nur noch stärker beschädigte. International jedoch gelang der Trick. Die Türkei wurde sogleich zu einer Säule des Westens ausgerufen, sie bekam im Sinne der Trumandoktrin Wirtschafts- und Militärhilfe, damit sie der sowjetischen Bedrohung standhalten konnte, und der Marshallplan ergoss seinen Segen über das Land. Die wirtschaftliche Erholung vollzog sich rasch – die nächsten vier Jahre meldete die Türkei hohe Wachstumsraten.

Diese Lorbeeren besänftigten jedoch die türkischen Massen nicht. Inönü ernannte zunächst den führenden profaschistischen Politiker seiner Partei – verantwortlich für die schlimmste Repression seit Kemal – zum Premierminister, dann versuchte er, den Demokraten ihre liberalere Kostümierung durch Konzessionen an den Markt und an die Religion abzujagen. Es half nichts. Als im Jahre 1950 gewählt wurde, war es nicht mehr möglich, den alten Betrug zu wiederholen – und es war dies auch, glaubte Inönü, überflüssig: Sein eigenes Prestige in Verbindung mit dem Fortfall der kriegsbedingten Entbehrungen würde ausreichen für einen Sieg der RPP. Er war vollkommen überrascht, als die Wähler sein Regime mit deutlicher Mehrheit verwarfen und die Demokraten mit einer ehrlich erworbenen parlamentarischen Majorität (die ebenso groß war wie seine eigene gefälschte bei der letzten Wahl) an die Macht brachten. Die von Kemal installierte Diktatur war zu Ende.

Nach Kemal

In einem berühmten Aufsatz aus dem Jahre 1981 (einer der scharfsinnigsten selbstkritischen Reflexionen, welche die jugendlichen Revolten der sechziger Jahre hervorgebracht haben) hat Murat Belge, just nachdem eine Militärintervention wieder einmal die Hoffnungen von mehr als einem Jahrzehnt zunichte gemacht hatte, seinen Generationsgenossen auf der türkischen Linken etwas klargemacht: dass sie ihr eigenes Land missverstanden, und zwar auf höchst grundsätzliche Weise. Sie hielten es, wie andere auch, für eine Gesellschaft der Dritten Welt, eine, die der Befreiung durch Guerillaaufstände – in den Städten oder im Gebirge – entgegensah. Das Paradoxon, das sie nicht erfasst hatten, lag in dem Umstand, dass die Türkei zu dieser Zeit zwar tatsächlich »ein wirtschaftlich … und gesellschaftlich relativ rückständiges Land« war – mit einem Bruttosozialprodukt pro Kopf, das etwa dem Algeriens oder Mexikos entsprach, und einer Alphabetisierungsrate der erwachsenen Bevölkerung von nur sechzig Prozent –, aber »politisch relativ fortgeschritten«, gewöhnt an ein »Zweiparteiensystem, in welchem Regierung und Opposition einige Male nach freien Wahlen die Plätze getauscht haben, etwas, das beispielsweise in Japan niemals vorgekommen ist.«[47] Kurz, die Türkei war insofern ungewöhnlich, als sie eine arme Gesellschaft mit geringem Bildungsgrad darstellte, die trotzdem eine Demokratie im allgemein akzeptierten Sinne geblieben war, wenn auch mit gewaltsamen Zwischenspielen – Belge schrieb kurz nach dem Militärputsch von 1980.

Ein Vierteljahrhundert später trifft seine Diagnose immer noch zu. Seit dem Ende der kemalistischen Herrschaftsordnung *sensu stricto* im Jahre 1950 ist die Türkei alles in allem ein Land mit regelmäßigen Wahlen, konkurrierenden Parteien, ungewissem Wahlausgang und wechselnden

Regierungen gewesen. Ein viel längerer Zeitraum, als ihn Spanien, Portugal oder Griechenland vorzuweisen haben – länger selbst als in Italien, fragt man nach dem Wechsel der Parteiherrschaft. Wie erklärt sich das? Die Historiker verweisen auf frühere Verfassungsdiskussionen oder parlamentarische Auseinandersetzungen, von den späten osmanischen Zeiten bis in die mittlere Phase des Kemalismus. Doch so achtenswert solche Episoden historisch sein mögen, sie waren zu fragil und flüchtig, als dass sie für die Stabilität einer modernen türkischen Demokratie, die nun ihr siebtes Jahrzehnt vollendet, wirklich die Grundlage hätten abgeben können. Ein alternativer Interpretationsansatz wäre mehr spekulativ und würde die taktischen Gründe für Inönüs Schwenk zur Demokratie im Jahre 1946 und seine Fehlkalkulation im Jahre 1950 betonen. Das lässt allerdings die Frage unbeantwortet, warum sich im folgenden die Demokratie so fest verankern konnte, dass selbst eine Reihe militärischer Interventionen sie nicht als politische Norm der Türkei zu verdrängen vermochten. Es braucht hier eine strukturelle Interpretation.

Im Zweiten Weltkrieg hatte Inönü sein Land ziemlich genau so manövriert, wie Franco es mit Spanien getan hatte: Politische Nähe zum Regime der Nazis und dessen passive Unterstützung wurden durch einen vorsichtigen Attentismus gemildert, der auch bessere Beziehungen zum Westen erlaubte, nachdem es einmal so aussah, als würde Deutschland besiegt werden. Doch nach dem Krieg war die Situation der beiden Diktaturen ganz verschieden, mochten sie auch beide streng antikommunistisch sein. Spanien lag weit von der Sowjetunion entfernt am anderen Ende Europas, während die Türkei geopolitisch ein Frontstaat des Kalten Krieges war, dazu noch mit einer langen Geschichte feindseliger Auseinandersetzungen mit Russland. So gab es sowohl ein dringlicheres Bedürfnis in Washington wie eine größere Notwendigkeit für Ankara, zu einer engen Verständigung zu kommen, als dies in Madrid der Fall war – und damit auch eine intimere ideologische und institutionelle Kooperation der Türkei und des Westens.

Das hätte allerdings in sich noch nicht ausgereicht, um die Türkei demokratisch werden zu lassen. Die Toleranz, ja, der Enthusiasmus Amerikas für alle möglichen autoritären Regimes der Freien Welt – solange sie nur verlässliche militärische und politische Verbündete Washingtons blieben – kennzeichnete den gesamten Kalten Krieg. Schließlich brauchte es nur ein Jahrzehnt, und auch Franco stellte den USA Militärstützpunkte zur Verfügung. Was die Türkei wirklich von Spanien unterschied, reichte tiefer. Die spanische Diktatur war das Ergebnis eines bitteren Bürgerkriegs, in dem Klasse gegen Klasse, Revolution gegen Konterrevolution gestanden hatten und in dem der nationalistische Kreuzzug nur mit Hilfe Deutschlands und Italiens gewonnen werden konnte. 1945 kämpften immer noch einige wenige Guerilleros in den Bergen gegen das Regime. Nach dem Krieg war die Demokratisierung für Franco undenkbar: Er hätte den erneuten Ausbruch eines politischen Vulkans riskiert, und weder die Armee noch die Kirche noch das Privateigentum wären sicher gewesen.

Dreißig Jahre später hatte Francos Regime seine historische Aufgabe erfüllt. Die wirtschaftliche Entwicklung hatte die spanische Gesellschaft transformiert, die radikale Massenpolitik war ausgelöscht, und die Demokratie stellte für das Kapital nicht länger eine Gefahrenquelle dar. So gründliche Arbeit hatte die Diktatur geleistet, dass ein zahnloser Bourbonensozialismus nicht einmal mehr die Republik wiederherstellen konnte, die von jener damals gestürzt worden war. In diesem spanischen Laboratorium konnte man die Entwicklungskurve der Zukunft demonstriert sehen, welche dann die lateinamerikanischen Diktatoren der siebziger Jahre – Pinochet ist der beispielhafte Fall – nachzeichnen sollten, als Architekten einer politischen Ordnung, in der man sich darauf verlassen konnte: Die Wähler würden so dankbar für die Wiederherstellung der

Bürgerrechte sein, dass sie die Sozialordnung fortan nicht mehr antasteten. Heute ist das spanische Modell zur allgemeinen Freiheitsformel geworden: Man macht nicht mehr, wie es Woodrow Wilson 1917 forderte, die Welt sicher für die Demokratie, man macht die Demokratie sicher für diese Welt.

Die Türkei konnte so viel früher als das weiter fortgeschrittene Spanien (geschweige denn vergleichbar rückständige Länder des Jahres 1950) eine Demokratie werden, weil es keinen entsprechend explosiven Klassenkonflikt gab, der einzudämmen gewesen wäre, keine radikale Bewegung, die man hätte zerschlagen müssen. Die meisten Bauern besaßen Land; die Arbeiterschaft war nicht groß; die Intellektuellen fristeten eine Randexistenz; eine Linke trat kaum in Erscheinung. Die Bruchlinien in einer derartigen Gesellschaft – in diesem Stadium noch zuzementiert – hingen eher mit Ethnizität als mit Klassenwidersprüchen zusammen. Unter diesen Voraussetzungen bestand kaum ein Risiko irgendwelcher Erschütterung von unten. Die Eliten konnten ihre Konflikte austragen, ohne befürchten zu müssen, dass sie dabei unkontrollierbare Kräfte freisetzten. Dieser Grad an genereller Sicherheit konnte nicht von endloser Dauer sein. Es kam schließlich zu gesellschaftlichen wie ethnischen Turbulenzen, massenhafte Unruhe machte sich bemerkbar, und als dies geschah, reagierte der Staat mit Gewalt.

Und doch wurden, soziologisch gesehen, durch die erste freie Wahl 1950 Grundbedingungen fixiert, die bis heute stabil geblieben sind. Die türkische Demokratie ist gelegentlich gewaltsam unterbrochen worden, nie jedoch lange, weil sie in einer Mitte-Rechts-Mehrheit verankert ist, die in der einen oder anderen Form ungebrochen fortdauert. Über vier historische Zyklen hinweg zeigte sich eine tieferliegende Stabilität des politischen Lebens der Türkei. In den Jahren von 1950 bis 1960 wurde das Land von Adnan Menderes als Premier regiert. Er führte eine Demokratische Partei an, deren Stimmenanteil auf dem Höhepunkt 57 Prozent

betrug und nie unter 47 fiel, was ihr noch am Ende ihrer Lebensspanne
vier Fünftel der Sitze in der Nationalversammlung und die Kontrolle über
die Präsidentschaft sicherte.

Die Geburt dieser Partei bezeichnete den Augenblick, da sich die türkische Elite spaltete, nach dem Anwachsen einer Bourgeoisie, die weit
weniger als vor dem Krieg vom Staat abhängig war, eine bürokratische
Lenkung der Ökonomie nicht länger hinnahm und ihren Anteil am Ban-
kett der politischen Macht wollte. Ihre Führer waren allesamt ehemalige
Mitglieder des kemalistischen Establishments, typischerweise mit Interessen in der Privatwirtschaft. Menderes war ein reicher Baumwollpflanzer,
Bayar – nach 1950 Präsident – ein führender Bankier. Doch die Wähler
dieser Partei waren ganz vorwiegend die Massen der Bauern, welche die
Mehrheit der Nation bildeten. Das Rezept dieser Parteiherrschaft war ein
in der Dritten Welt seltenes Paradoxon: ein wirtschaftsliberaler Populismus, der das Lob der Marktwirtschaft und den Appell an die Tradition
zu gleichen Teilen verband.[48] Auf beiden Seiten lief die Rhetorik der Realität ein Stück davon, ohne doch ganz die Verbindung zu ihr zu verlieren.
Als er an die Macht kam, war es Menderes' erste wichtige Amtshandlung,
Truppen nach Korea zu schicken, wobei er nicht einmal das Parlament
konsultierte. Das trug ihm viel Lob in Washington ein, den Beitritt zur
NATO und einen Schwall Dollars. Sein Regime benützte die amerikanische Unterstützung, um den Bauern preiswerte Kredite zur Verfügung
zu stellen und ihnen hohe Abnahmepreise zu garantieren, baute Straßen,
um die Anbaufläche zu vergrößern, importierte Maschinen, mit denen
sich die Agrarwirtschaft modernisieren ließ, und lockerte die Kontrollen
für die Industrie. Mitgezogen vom Nachkriegsboom im Westen beschleu-
nigte sich die Wachstumsrate, und das Pro-Kopf-Einkommen auf dem
Lande stieg sprunghaft an.

Dies allein hätte genügt, die Popularität der Regierung der Demokratischen Partei zu sichern. Menderes sorgte jedoch nicht nur für die Ein

nahmen, sondern kümmerte sich auch um die Gefühle seiner ländlichen Wähler. Bereits Inönü hatte, als er seine Unbeliebtheit nach dem Krieg spürte, sich vorsichtig von der kemalistischen Religionspolitik zu distanzieren begonnen. Die Demokraten waren da viel unbekümmerter: Neue Moscheen schossen aus dem Boden, die religiösen Schulen vermehrten sich, die Unterweisung im Islam wurde regelrecht Teil der staatlichen Erziehung, die Rufe zum Gebet waren wieder auf Arabisch zu hören, die Bruderschaften wurden legalisiert, und politische Gegner wurden als Ungläubige beschimpft. Die Gleichsetzung türkischer mit muslimischer Identität, längst schon eine stillschweigende Voraussetzung des Kemalismus, fand nun drastischeren Ausdruck. Dies genügte, um sich Teile der am offiziellen Säkularismus festhaltenden Elite zum Gegner zu machen, aber es stellte eigentlich keinen Bruch mit dem Erbe des spätosmanischen Staates oder der frühen Republik dar. Tatsächlich ging Menderes bei der Inthronisierung Kemals als unantastbares Symbol der Nation weiter, als Inönü dies je getan hatte – er errichtete ihm ein Mausoleum in Ankara und stellte jede Beleidigung seines Andenkens als schweres Vergehen unter Strafe.

Ernster war der Umstand, dass der Integritätsnationalismus der Zwischenkriegszeit neuen Auftrieb erhielt, als Menderes – von Großbritannien animiert – sich zum Verteidiger der türkischen Minorität auf Zypern machte und jene türkischen Interventionsrechte erneut beanspruchte, welche die Nation 1923 in Lausanne aufgegeben hatte. 1955 entfesselte sein Regime während einer Dreimächtekonferenz über die Zukunft Zyperns in London einen Pogrom gegen die Griechen in Istanbul. Die griechische Gemeinschaft in dieser Stadt, von den Bevölkerungsverschiebungen des Jahres 1923 ausdrücklich ausgenommen, war unter staatlichem Druck stark geschrumpft, umfasste aber Mitte der dreißiger Jahre immer noch über hunderttausend Menschen und blieb ein wohlhabender und lebendiger Teil des städtischen Lebens. In einer einzigen Nacht zerstörten und verbrannten von der Regierung organisierte Banden ihre Kirchen, Schulen,

Läden, Firmen, Krankenhäuser unter Prügeleien und Vergewaltigungen.
Menderes und Bayar, die im Vorort Florya verstohlen abgewartet hatten,
bestiegen den Zug nach Ankara, als die Flammen den Nachthimmel erleuchteten.[49] Es war die türkische Kristallnacht. Die Kontinuitätslinien
zur Vergangenheit waren nicht nur ideologischer, sondern auch persön-
licher Natur. 1913 war Bayar ein Mitglied der Spezialorganisation der
CUP gewesen, verantwortlich für die ethnische Säuberung der Region
Smyrna von ihrer griechischen Bevölkerung, ehe noch der Erste Weltkrieg begonnen hatte. Ende der fünfziger Jahre lebte nur noch eine Handvoll Griechen in Istanbul.

Diesmal jedoch reagierten Presse und öffentliche Meinung schockiert,
und selbst in Teilen der Herrschaftsschicht war man über Menderes' Me-
thoden beunruhigt. 1957 holte er bequem einen dritten Wahlsieg, aber
angesichts der Auslandsverschuldung, des Defizits und der hohen Inflationsrate hatte seine Wirtschaftspolitik ihren Glanz verloren. Zur Siche-
rung seiner Stellung griff er nun zu immer härteren Unterdrückungs-
maßnahmen gegenüber der Presse und der Opposition. Voll vermessener
Selbstsicherheit, brutal und nicht besonders intelligent, richtete er schließlich ein Komitee ein, das Untersuchungen über alle Gegner anstellte, und
verhängte über die Arbeit dieses Ausschusses die Zensur. Er hatte seine
Macht konsolidiert, indem er die Türkei in den Koreakrieg geführt hatte;
ein Jahrzehnt später gingen in Ankara Studenten gegen seine zusehends
diktatorische Politik auf die Straße, inspiriert vom Beispiel der koreani-
schen Studentenschaft, die soeben Syngman Rhee gestürzt hatte (zu dessen Verteidigung der Krieg geführt worden war). Die Universitäten in
Istanbul und Ankara wurden geschlossen; es nützte nichts, nächtelang
dauerte der Aufruhr fort. Nach einem Monat der Unruhen griff schließlich die Armee ein.[50] Frühmorgens wurden Menderes, sein Kabinett und
seine Stellvertreter verhaftet, ein Ausschuss von etwa vierzig Offizieren
übernahm die Regierung.

Der Coup von 1960 war nicht das Werk des türkischen Generalstabs, sondern von Verschwörern niedrigeren Ranges, die schon seit einiger Zeit den Sturz von Menderes geplant hatten. Einige von ihnen hatten radikale soziale Ideen, andere waren autoritäre Nationalisten. Wenige hatten irgendein klares Programm, abgesehen von der Auflösung der Demokratischen Partei und der Bestrafung der Parteiführung, deren Angehörige unter verschiedenen Anklagen vor Gericht kamen, darunter für das Pogrom von 1955, wofür Menderes dann auch hingerichtet wurde (obgleich Bayar verschont blieb). Die Armee wurde von einer großen Zahl konservativer Offiziere gesäubert, doch der Generalstab nahm bald wieder das Heft in die Hand und erstickte alle Versuche, noch weiter zu gehen. In einer kurzfristig offenen Situation, in der das Militär uneins war, wurde eine neue Verfassung von akademischen Juristen formuliert und per Referendum in Kraft gesetzt. Sie sollte den Machtmissbrauch verhindern, der für die Herrschaft von Menderes typisch gewesen war, und sie schuf einen Verfassungsgerichtshof und eine zweite Kammer, führte das Verhältniswahlrecht ein, stärkte die Judikative, garantierte Bürgerrechte, Wissenschafts- und Pressefreiheit. Sie richtete jedoch auch einen Nationalen Sicherheitsrat mit weitreichenden Befugnissen ein, in dem das Militär das Übergewicht hatte.

Mit der Errichtung dieser Institutionen begann der zweite Zyklus der türkischen Nachkriegspolitik. Sobald Wahlen abgehalten wurden, stellte sich heraus, dass die Wählerschaft der Demokratischen Partei, anfangs nun zwar auf eine Reihe von Nachfolgeorganisationen aufgeteilt, insgesamt immer noch eine komfortable Mehrheit im Lande bildete. Im Jahre 1965 konsolidierte sich diese hinter der Gerechtigkeitspartei von Süleyman Demirel, die allein auf 53 Prozent der Stimmen kam. Dreißig Jahre später sollte Demirel immer noch im Präsidentenpalast regieren. Ein Hydraulikingenieur mit amerikanischen Verbindungen (Eisenhower-

Fellowship, Berater für Morrison-Knudsen), den Menderes sich als Büro-kraten geholt hatte, stellte Demirel weder persönlich noch politisch einen Fortschritt gegenüber seinem einstigen Förderer dar. Doch hatte ihn dessen Schicksal vorsichtiger gemacht, und die Verfassung von 1961 beschränkte, trotz seiner Versuche, an ihr herumzubasteln, die Möglichkeiten, den alten Herrschaftsstil fortzusetzen.

Einmal an der Macht, profitierte Demirel wie Menderes vom raschen Wirtschaftswachstum, verteilte auf dem Land den warmen Regen seiner Wahlgeschenke, appellierte volltönend an die dörfliche Frömmigkeit und pflegte einen rabiaten Antikommunismus. Doch gab es zwei Unterschiede. Der Populismus der Gerechtigkeitspartei war nicht mehr wirtschaftsliberal. Die sechziger Jahre waren in den meisten Teilen der Welt eine Ära staatlich gelenkter Wirtschaftsentwicklung, und die Militärs hinter dem Coup von 1960, vage vom Nasserismus beeinflusst, bildeten keine Ausnahme: Sie wollten einen starken dirigistischen Staat. Demirel übernahm die Wende zur Industrialisierung im eigenen Lande und zum Importabbau, und zu Wahlzwecken trumpfte er damit entsprechend auf. Die zweite Veränderung war grundsätzlicherer Natur. Wie groß auch der Hass seiner Funktionäre auf die Armee sein mochte, welche es gewagt hatte, die Demokratische Partei aufzulösen, und wie sehr auch seine eigenen pathetisch-religiösen Auftritte sich in Gegensatz zum Säkularismus stellten – beim geringsten Zeichen einer gewissen Unruhe in den Kasernen unterwarf sich Demirel sogleich dem Militär.

Dies genügte in sich jedoch nicht, um ihm eine dominante politische Stellung, vergleichbar mit der von Menderes, zu sichern. Die Republikanische Volkspartei, in den fünfziger Jahren dreimal mühelos besiegt, bildete keine große Herausforderung mehr. Als Inönü schließlich Anfang der siebziger Jahre von der politischen Bühne schlurfte, übernahm Bülent Ecevit die Parteiführung und versuchte kurzzeitig, die Partei auf einen alternativen Kurs der linken Mitte zu bringen. Dann aber sank er in die Arme des Militärs und gab bei der türkischen Invasion Zyperns 1974 die politische Galionsfigur ab, um später als Fossil eines weinerlichen Chauvinismus zu enden. Die Koalitionsarithmetik in einem Parlament, das nicht länger die Erdrutschsiege unter dem früheren Wahlrecht erlebte, machte Ecevit viermal zum Premierminister. Aber der von ihm geerbte kemalistische Block kam niemals in die Nähe einer eigenen parlamentarischen Mehrheit[51] und war zum Zeitpunkt von Ecevits Abgang auf etwa zwanzig Prozent der Wählerstimmen geschmolzen.

Die Gefahr für Demirel lag anderswo. Die neue Verfassung hatte es zum ersten Mal einer Arbeiterpartei erlaubt, bei den Wahlen anzutreten. Sie holte nie mehr als fünf Prozent der Stimmen und bildete keine Gefahr für die Stabilität des Systems. Doch wenn auch die türkische Arbeiterklasse noch zu klein und eingeschüchtert war, um bei Wahlen nachdrücklich in Erscheinung zu treten, so waren die Universitäten rasch zu Herden des Radikalismus geworden. Die türkischen Studenten, in ihrer singulären Position am Berührungspunkt der Ersten, Zweiten und Dritten Welt – Europa im Westen, Russland im Norden, der Vordere Orient im Süden und Osten –, wurden von Ideen und Einflüssen aus allen drei Bereichen elektrisiert: Campusrebellionen, kommunistische Traditionen, Guerillafantasien schienen alle ihre besondere Relevanz zu besitzen angesichts der Ungerechtigkeiten und Grausamkeiten der die Jugend hier umgebenden Gesellschaft (wo die Mehrheit der Bevölkerung noch auf dem Lande lebte und fast die Hälfte nicht lesen und schreiben konnte). Aus dieser turbulenten Mixtur formte sich das Kaleidoskop revolutionärer Bewegungen, denen Belge ein Jahrzehnt später den Nachruf schreiben sollte. Ende der sechziger Jahre, als Demirel jegliche Erscheinungsform der Linken verfolgen ließ, dauerte es nicht lange, bis einige dieser Gruppen sich bewaffneten und vereinzelte Gewaltakte begingen.

Diese waren an sich kaum mehr als Nadelstiche; sie hatten keinen wirklichen Einfluss auf die politische Vorherrschaft der Gerechtigkeitspartei. Aber sie setzten neue Energien frei und schufen Gelegenheit zur Formation von Bewegungen wesentlich bedrohlicheren Charakters an der anderen Flanke der Regierung: 1969 wurde die ultranationalistische MHP (Nationale Aktionspartei) von Alparslan Türkeş gegründet, einem Oberst, der als junger Offizier im Zweiten Weltkrieg ein glühender An-hänger der Nazis gewesen war und zu den Schlüsselfiguren des Coups von 1960 gehört hatte. Nach faschistischem Modell baute er rasch para-militärische Trupps auf – die Grauen Wölfe –, die weitaus stärker waren als irgendetwas, das die Linke mobilisieren konnte, und eine doppelt so starke Mitgliederzahl hatten. Das war noch nicht alles. Als Demirel zum Militär hinüberzuschielen begann und die Elastizität des politischen Sys-tems größer wurde, trat ein weit weniger kompromissbereiter Islam auf, der ihn rechts überholte. 1970 wurde die Partei der nationalen Ordnung von Necmettin Erbakan gegründet – Ingenieur wie Demirel, aber auf hö-herem Niveau (er hatte einen Lehrstuhl an einer Universität innegehabt), und mit authentischeren Ansprüchen auf Frömmigkeit, da er Mitglied der Nakshibendi-Sufibruderschaft war. Er trat mit einem islamischen Programm an, das radikaler war, als die Gerechtigkeitspartei es sich leis-ten konnte, und attackierte deren Willfährigkeit gegenüber dem ameri-kanischen Kapital; seine Organisation – umbenannt in Partei der natio-nalen Errettung – kam auf Anhieb auf zwölf Prozent.

Der Wirrwarr, den diese unbotmäßigen Außenseiter anrichteten, wur-de der kemalistischen Elite zu viel, und 1971 griff wiederum die Armee ein. Diesmal – wie auch unweigerlich in den späteren Fällen – war es der Generalstab, der Demirel absetzte, weil es ihm nicht gelungen war, die Ordnung aufrechtzuerhalten, und der ein rechtes Technokratenkabinett installierte. Unter Kriegsrecht wurden Gewerkschafter, Intellektuelle und linke Abgeordnete verhaftet und gefoltert; die liberalen Artikel der Verfassung wurden außer Kraft gesetzt.[52] Zwei Jahre später hielt man die politische Szenerie für so hinreichend von allen subversiven Elementen gesäubert, dass Neuwahlen ausgerufen werden konnten, und während der restlichen siebziger Jahre wechselten sich dann Demirel und Ecevit mit Koalitionsregierungen ab, in denen entweder Türkeş oder Erbakan oder beide entscheidende Stimmenkontingente hielten und die ihnen unterstehenden Ministerien mit eigenen Leuten besetzten.

Damals sah es so aus, als seien die Grauen Wölfe die gefährlicheren unter den Neuankömmlingen auf der politischen Szene – sie eroberten rasch Schlüsselstellungen innerhalb der Polizei- und Sicherheitsapparate, von denen aus terroristische Aktionen mit paramilitärischen Gruppen abgesprochen werden konnten. Es gibt wenig Begriffe, die in demselben Maße missbraucht worden sind wie der des Faschismus, aber es kann kaum ein Zweifel bestehen, dass die MHP jener Jahre sich tatsächlich für diese Benennung qualifizierte. Gerade darin lag jedoch auch ihre Beschränktheit. Klassischerweise war der Faschismus – in Deutschland wie in Italien oder Spanien – eine Antwort auf die Drohung einer revolutionären Massenbewegung, von der die besitzenden Klassen fürchteten, sie ließe sich nicht innerhalb der existierenden Verfassungsordnung domestizieren. Wo eine solche Bewegung fehlte, da mochten die Klubs und Stoßtrupps einer paramilitärischen rechten Bewegung zwar nützlich sein für lokale Einschüchterungsmanöver, aber das Risiko, einer solchen außergesetzlichen, von unten emporkochenden Dynamik der extremen Rechten wirkliche Macht zu überlassen, war dann den traditionellen Machthabern in der Regel doch zu groß. In der Türkei hatte sich eine vielgestaltige linksrevolutionäre Bewegung herausgebildet, die nicht nur Enthusiasten an den Universitäten anzog, sondern auch Angehörige der religiösen und ethnischen Minderheiten, vereinzelt lokale Arbeitergruppen, selbst Sympathisanten der gebildeten Mittelschicht. Aber wenn sie auch in bestimmten Stadtvierteln oder Kommunen eine gewisse Dominanz erreichen mochte, war sie doch nie ein Massenphänomen. Eine hauptsächlich unter Studenten verwurzelte Bewegung konnte

sich bei aller Loyalität ihrer Kader niemals gegen einen schwerbewaff-
neten Staat durchsetzen, ganz abgesehen von der konservativen Wählermehrheit.

Ein großer Teil der traditionellen türkischen Gesellschaftsstrukturen
löste sich unterdessen auf – die Abwanderung vom Land in die Städte
ließ dort Barackenviertel entstehen (in gewisser Weise wenig verschieden
von der Lebensart und Weltanschauung der zurückgelassenen Dörfer,
aber ohne die alten Gemeinschaftsbindungen). Und die Ruralisierung der
Städte lief der Urbanisierung der Zugewanderten davon – um die bekannte Formulierung von Serif Mardin zu verwenden, dem Doyen der
türkischen Soziologen.[53] Obwohl Anfang der siebziger Jahre der Nachkriegsboom vorüber war, ließ sich die forcierte Industrialisierung zum Abbau des Imports noch durch die Überweisungen der Gastarbeiter im Ausland und durch eine anschwellende Auslandsschuld künstlich verlängern.
Am Ende des Jahrzehnts hatte sich dieses Modell aber erschöpft – verglichen mit dem von Menderes, endete der Populismus von Demirel mit
größeren Defiziten, höherer Inflation, ausgedehnteren Schwarzmärkten,
niedrigerem Wachstum. Die sich verschlechternden Wirtschaftsbedingun-
gen verschärften sich noch durch die zunehmende gesellschaftliche Gewalt, da die extreme Rechte ihren Feldzug gegen die Linke eskalierte und
diverse revolutionäre Gruppen zurückschlugen. Am schlimmsten waren
die Alewiten betroffen – eine Gemeinschaft, die man im Verdacht einer
Heterodoxie hatte und für noch schlimmer als Schiiten hielt. Sie wurden
1978 zum Opfer des nächsten Pogroms an einer Minderheit, wobei die
Grauen Wölfe als Spezialorganisation ihrer Zeit auftraten.

Die Krisis zeigte sich jedoch an einer anderen Stelle. Im September
1980 weigerten sich die Teilnehmer einer islamistischen Massendemons-
tration in Konya, die begeistert Aufrufen zur Wiedereinführung der
Scharia gelauscht hatten, die Nationalhymne zu singen. Das stellte eine
ostentative Verletzung der kemalistischen Vorschriften dar. Innerhalb

einer Woche schlug die Armee zu, riegelte die Grenzen ab und ergriff die Macht. Unter einem Nationalen Sicherheitsrat, dem Generalstabschef Kenan Evren vorstand, wurde das Parlament aufgelöst und alle wichtigeren Politiker wurden verhaftet. Parteien wurden verboten, Abgeordnete, Bürgermeister und Gemeinderäte entlassen. Ein Jahr später wurde das Kriegsrecht in Polen ausgerufen, was im Westen einen einhelligen Aufschrei zur Folge hatte – einen Katarakt von Verdammungen in Leitartikeln, Aufsätzen, Büchern, auf Versammlungen und Demonstrationen. Der Militärputsch in der Türkei löste kaum ein Räuspern aus. Doch verglichen mit der Herrschaft von Kenan Evren – dem Befehlshaber der türkischen Abteilung der NATO/CIA-Geheimorganisation Gladio – war die Regierung Jaruzelskis überaus milde. In der Türkei wurden nicht weniger als 178 000 Menschen verhaftet, 64 000 kamen längere Zeit ins Gefängnis, 30 000 verloren ihre Staatsbürgerschaft, 450 starben unter der Folter, 50 wurden hingerichtet, andere verschwanden spurlos.[54] Das gute Gewissen Europas ging darüber hinweg.

Diese massenhafte Unterdrückung war nicht die Ouvertüre einer türkischen Diktatur; sie leitete eine demokratische Katharsis ein, wie sie später in Lateinamerika üblich werden sollte. Evren und seine Kollegen scheuten den regelmäßigen Gebrauch der Folter nicht, aber sie wussten auch um die Bedeutung von Verfassungen. Eine neue wurde geschrieben, welche die Macht bei der Exekutive konzentrierte, eine Zehn-Prozent-Hürde für die Zulassung zum Parlament errichtete und die übertrieben generösen Bürgerrechte abschaffte, insbesondere jene, welche »unverantwortliche« Streiks oder üble Nachrede in der Presse gestattet hatten. Ein Referendum, bei dem jegliche Diskussion dieses Dokuments untersagt blieb, ratifizierte die neue Verfassung erwartungsgemäß und machte Evren zum Präsidenten. 1983 wurden Wahlen nach den revidierten Regeln abgehalten, die Demokratie kehrte zurück. Der Weg in einen dritten Zyklus der Mitte-Rechts-Politik war nun bereitet.

Neuer Premier war Turgut Özal, wie Demirel (dem er seinen Aufstieg
verdankte) ein Ingenieur aus der Provinz mit Verbindungen in die USA,
der nach Positionen in der Bürokratie und im Management seine politische Karriere in der Nationalen Errettungspartei begonnen hatte (in
der sein Bruder eine führende Stellung einnahm). Ein Jahr vor dem Coup
hatte Demirel ihn mit der Durchführung des Stabilisierungsplanes be-
auftragt, den der Internationale Währungsfonds zur Vorbedingung seines Kredits für die Türkei in der Finanzkrise gemacht hatte – der Plan
beinhaltete die übliche deflationäre Politik, was starken Gewerkschafts-
widerstand auslöste. Als das Militär die Macht übernahm, behielt es
Özal in seinen Diensten, und als der populäre Widerstand schließlich
erstickt worden war, waren diesem nicht länger die Hände gebunden. Er
konnte nun die Reduktion der öffentlichen Ausgaben durchsetzen, die Er-
höhung der Zinsen, den Abbau der Preiskontrollen und die Senkung der
Reallöhne – all das, was die internationale Vertrauensbildung verlangte.
Ein Finanzskandal in seinem Team zwang ihn 1982 zum Rücktritt und
bewahrte ihn so vor einer allzulangen Verbindung mit der Militärjunta,
was sich bei den Wahlen im folgenden Jahr auszahlte. Als er seine eigene Mutterlandspartei ins Leben rief, mit stillschweigender Unterstützung
aller drei nunmehr verbotenen Formationen der früheren Rechten – der
populistischen, faschistischen und islamistischen –, errang er einen leich-
ten Sieg mit 45 Prozent der Stimmen, was ihm im Parlament die absolute
Mehrheit sicherte.

Untersetzt und von wenig einnehmendem Äußeren, mit groben Ma-
nieren, hatte Özal immer etwas von einem türkischen Mr. Toad. Trotzdem war er ein beachtlicherer Politiker als Menderes oder Demirel, mit
raschem, scharfem Verstand und einer kohärenten Vorstellung von der
Zukunft des Landes. Als er Anfang der achtziger Jahre an die Macht kam,
zur historischen Stunde von Margaret Thatcher und Ronald Reagan, da
war er ihnen ebenbürtig in seiner neoliberalen Entschlossenheit. Die

Wirtschaftspolitik der vergangenen Jahrzehnte mit ihrem Schwerpunkt auf Förderung einheimischer Industrien und Zurückdrängung der Importe sowie ihrem Geflecht aus Preiskontrollen, überbewerteten Wechselkursen, bürokratischen Lizenzen und Subsidien für den öffentlichen Sektor, all das, was der kemalistische Etatismus im Laufe der Jahre entwickelt hatte, wurde nun nach und nach abgebaut, um das freie Spiel der Marktkräfte nicht zu behindern. Es gab Grenzen: Von der Privatisierung der Staatsbetriebe war viel die Rede, aber es geschah wenig. Doch alles in allem wurde die ökonomische Liberalisierung durchgedrückt, mit sehr befriedigenden Resultaten für das türkische Kapital. Der Wert der Exporte verdoppelte sich, neue Unternehmen wurden gegründet, die Profite stiegen und die Löhne sanken. Inmitten eines beschleunigenden Wachstums, angespornt vom allgemeinen Klima des *enrichissez-vous*, entdeckte die Mittelschicht den Konsumfetischismus.[55]

Gleichzeitig bediente sich Özal offener als irgendeiner seiner Vorgänger der Religion, um die eigene Stellung zu festigen. Dies konnte er tun, da die Junta selbst die Tradition des militanten Säkularismus aufgegeben hatte, im Interesse des Kampfes gegen die Subversion. »Laizismus bedeutet nicht Atheismus«, hatte Evren der Nation mitgeteilt.[56] 1982 wurde der Religionsunterricht an den staatlichen Schulen Pflicht, und von nun an wurde das, was die offizielle Ideologie bisher stillschweigend vorausgesetzt hatte (die Identifikation der Nation mit der gemeinsamen Religion), ausdrücklich behauptet und die »türkisch-islamische Synthese« wurde zum Lehrbuchsatz. Özal war zwar ein Erzpragmatist, doch war er auch Mitglied des mystischen Nakshibendi-Ordens (den er gern mit den Mormonen verglich – beides Beispiele für die Affinität von Frömmigkeit und Geld) und benutzte die staatliche Kontrolle über die Religion zu einer bisher unbekannten Förderung der religiösen Einrichtungen. Unter ihm stieg das Budget des Direktorats für religiöse Angelegenheiten auf das Sechzehnfache an. Fünf Millionen Exemplare des Koran wurden auf

Staatskosten gedruckt, eine halbe Million Pilger nach Mekka verfrachtet,
siebzigtausend Moscheen für die Gläubigen instandgehalten. Die Frommen hatten allen Grund, ihm dankbar zu sein, ebenso die Smarten und
die Gourmets.[57]

Im Frühjahr 1987 vollendete Özal sein Modernisierungsprojekt mit
dem Antrag auf den EU-Beitritt. Diese Kandidatur ist zwanzig Jahre später immer noch offen. Im Herbst wurde er als Premier wiedergewählt,
und 1989 übernahm er die Präsidentschaft, als Evren sich zurückzog.
Von diesem Gipfelpunkt an ging es abwärts. Wirtschaftlich gesehen verbanden sich ein Außenhandelsdefizit und eine überbewertete Währung
mit hohen öffentlichen Ausgaben, die zur Befriedigung bestimmter Wäh-
lerschichten dienten – was die Inflation in die Höhen vor dem Militärputsch steigen ließ, Streiks auslöste und schwierige Bedingungen für die
Unternehmen schuf. Die schon während des Aufschwungs verbreitete
Korruption erreichte nun die Präsidentenfamilie selbst. Politisch hatte
Özal versucht, die alte Garde der Politiker durch ein Referendum kaltzu-
stellen, das ihnen die Rückkehr in die politische Arena untersagt hätte;
damit scheiterte er und sah sich nun mit dem Zorn eines reanimierten
Demirel konfrontiert. Zunehmend cholerisch und autokratisch agierend,
machte er die Türkei zu einer Abschussrampe für amerikanische Rake-
ten im ersten Golfkrieg, wider die allgemeine Stimmung im Lande und
gegen den Rat des Generalstabs; die ökonomische oder strategische Be-
lohnung blieb aus. Stattdessen sah sich die Türkei nun einer autonomen
kurdischen Zone unter amerikanischer Obhut an ihrer Südostflanke gegenüber.

In allen drei Zyklen der Mitte-Rechts-Herrschaft war ein als historische Struktur wirkendes kemalistisches Grundprinzip zusehends geschwächt worden: die Eingrenzung des Religiösen auf eine Ersatzidenti-
tät, deren Äußerungen auf die Privatsphäre beschränkt bleiben mussten.
Nun war nicht nur der Säkularismus ausgehöhlt, wie ihn die offizielle

Doktrin definierte, sondern auch der Etatismus als Wirtschaftsdoktrin. Özal war in beiden Richtungen am weitesten gegangen, konfessionell wie wirtschaftsliberal. Doch blieben die tieferen Grundlagen des Kemalismus unangetastet. Das Programm der nationalen Integrität war für jede Regierung seit 1945 *de rigueur* und forderte immer wieder seine unvermeidlichen Opfer. Nach den Griechen in den fünfziger Jahren und den Alewiten in den Siebzigern waren nun wieder einmal die Kurden an der Reihe. Die Radikalisierung der späten Sechziger war an ihnen nicht vorbeigegangen, doch solange es noch eine legale Arbeiterpartei gab oder eine lebhafte Szene illegaler Bewegungen an den Universitäten, konnten die kurdischen Hoffnungen in allgemeinere Formen des Aktivismus miteingehen. Nachdem die Linke durch den Putsch 1980 enthauptet worden war, musste sich das politische Erwachen der nächsten Kurdengeneration eigene Wege zur Emanzipation suchen.

Bei der Machtergreifung hatte Evrens Junta über den Südosten das Kriegsrecht verhängt und sogleich jeglichen Gebrauch der kurdischen Sprache – selbst den privaten – unter Strafe gestellt. Die absolute Unterdrückung jeglichen kulturellen oder politischen Ausdrucks einer eigenen kurdischen Identität galt für die gesamte Türkei. Doch waren im Südosten auch die sozialen und wirtschaftlichen Verhältnisse explosiv: Der Anteil landloser Bauern war hoch,[58] und die Macht der Großgrundbesitzer, die schon lange mit dem Staat zusammenarbeiten, beträchtlich. In dieser Situation fand eine der kurdischen Gruppierungen, die sich in Ankara kurz vor dem Coup gebildet hatten, die natürlichen Bedingungen für den Guerillakampf. Die PKK, die zunächst marxistisch-leninistisch auftrat, aber (wie sich mit der Zeit zeigen sollte) durch und durch pragmatisch war, startete ihre ersten Angriffe im Frühjahr 1984 von jenseits der syrischen und irakischen Grenzen.

Diesmal konnte der türkische Staat, der sich einem sehr viel disziplinierteren und moderneren Feind mit ausländischen Operationsbasen

gegenübersah, die Bewegung nicht in wenigen Monaten ersticken wie
bei den Aufständen von 1925 und 1937. Ein langer Krieg begann, in dem
die PKK dem Militärterror ihrerseits mit erbarmungslosen Brutalitäten
begegnete. Es dauerte fünfzehn Jahre, bis Armee und Luftwaffe die Kur-
denerhebung endlich beenden konnten, im Jahre 1999. Bis dahin hatte
Ankara über eine Viertelmillion Soldaten und Polizisten zum Einsatz gebracht (mehr als das Doppelte der amerikanischen Besatzungsarmee im
Irak), bei jährlichen Kosten von sechs Milliarden Dollar. Offiziellen Angaben zufolge starben mindestens 30 000 Menschen, und 380 000 wurden aus ihren Wohnungen vertrieben. Die tatsächliche Opferzahl lag höher. Die Zahl der Flüchtlinge innerhalb des Landes wurde inoffiziell mit
drei Millionen angegeben.[59] Die Methode der Deportation war alt, die
Zielorte waren neu: Die Armee ließ Dörfer niederbrennen und abreißen,
um die Bevölkerung, in einer Art türkischer Version der strategischen
Siedlungen im Vietnamkrieg, an anderer Stelle zu konzentrieren und so
unter Kontrolle zu bringen: in streng überwachten Slums am Rand der
Provinzstädte.

Dies war das andere Gesicht der Regierung Özal. In seinen letzten
Jahren begann er, von seiner eigenen halbkurdischen Herkunft zu reden
(er stammte aus Malatya im Osten) und die drakonischen Strafen für
den Gebrauch der kurdischen Sprache zu mildern. Doch als bei seinem
plötzlichen Tod 1993 sich Demirel wieder das Präsidentenamt schnapp-
te, verschärften sich Folter und Repression. Der Rest der neunziger Jahre
sah eine Abfolge schwacher, korrupter Koalitionen, welche die Entwick-
lungslinie der Siebziger wiederholten, indem sie das politische System und
das Wirtschaftsmodell des vorhergegangenen Jahrzehnts zerfallen ließen –
als sei es das Schicksal der hegemonialen Mitte-Rechts-Formation, in jeder Generation dieselbe Kurve nachzuzeichnen. Wieder schnellte die Ver-
schuldung empor, die Inflation stieg, die Zinssätze explodierten. Diesmal
vollendeten eine tiefe Rezession und hohe Arbeitslosigkeit das Debakel.

78   Im letzten Jahr des Jahrhunderts kehrte ein todkranker Ecevit an die Regierung zurück und rühmte sich der Gefangennahme des PKK-Führers Abdullah Öcalan, einer dostojewskijschen Figur: Vom Mossad und der CIA in Afrika entführt und in einer Zwangsjacke in Ankara abgeliefert, brachte er bald beredt seine Liebe für die Türkei zum Ausdruck. Mittlerweile waren die Staatsfinanzen ruinös, die Preise für alltägliche Waren stiegen unkontrollierbar. Die Wirtschaftskrise wurde auf die Spitze getrieben durch einen würdelosen Disput zwischen Präsident (mittlerweile ein ehemaliger Richter) und Premierminister, der wütend war, dass man ihm die Korruption seines Kabinetts zum Vorwurf machte. Diese Streitereien am Steuer des Staates führten zu einer Börsenpanik und zum Zusammenbruch der Währung.[60] Die Katastrophe wurde nur durch einen Notkredit des Internationalen Währungsfonds abgewendet, der aus demselben Grunde gewährt wurde wie im Fall von Jelzins Russland: die amerikanischen Interessen in dem jeweiligen Land waren einfach zu groß, als dass man für den Fall seines Kollapses eine innenpolitische Krise hätte riskieren dürfen. Der Sturz der Regierung einige Monate später beendete diese Coda der Ära Özal.

Die Wahlen im Herbst 2002 führten zu einer vollkommenen Veränderung der politischen Szenerie. Eine Partei, die achtzehn Monate zuvor noch gar nicht existiert hatte, siegte mit großem Vorsprung. Die AKP (die Partei für Gerechtigkeit und Entwicklung), die mit einem moderat muslimischen Programm antrat, holte zwei Drittel der Sitze in der Nationalversammlung und konnte eine Regierung mit der größten parlamentarischen Mehrheit seit Menderes' Zeiten bilden. Dieser Sieg wurde in der Türkei und im Ausland weithin als Beginn einer neuen Ära begrüßt: Das Land würde nun nach Jahren zänkischer Koalitionskabinette nicht nur über eine wirklich stabile Regierung verfügen, es ergab sich nun auch – was noch wichtiger schien – die Aussicht auf eine längst überfällige Aussöhnung von Religion und Demokratie. Denn der zentrale Punkt 79

der Wahlkampagne der AKP war das Versprechen gewesen, die Türkei in die Europäische Union zu bringen, und das hieß: das Land so zu verändern, dass es den schon lange festgesetzten Kriterien für die Mitgliedschaft genügen konnte, vor allem in den politisch entscheidenden Fragen der Rechtssicherheit und der Respektierung der Menschenrechte. Schon einen Monat nach dem Wahlsieg hatte die Führung der AKP auf dem EU-Gipfel in Kopenhagen einen diplomatischen Triumph erlebt, als das Gipfeltreffen der Türkei einen festen Zeitpunkt für den Beginn der Beitrittsverhandlungen nannte: schon in zwei Jahren, vorausgesetzt, es würden in der Zwischenzeit hinreichende politische Reformen durchgeführt. Im Inland war der allgemeine Stimmungsumschlag von Verzweiflung zu Euphorie dramatisch. Seit dem Jahr 1950 hatte man keinen politischen Neubeginn erlebt, mit dem sich so viele Hoffnungen verbanden.

Das Neue an der Regierung der AKP, im Westen vielgerühmt, ist tatsächlich keine Täuschung. Aber zwischen dem üblichen Bild, das man in allen Leitartikeln, Kolumnen und Reportagen der *bien-pensants* in Europa finden kann (von den USA ganz zu schweigen und von den offiziellen Erklärungen aus Brüssel erst recht), und der Wirklichkeit dessen, was tatsächlich neu ist, besteht ein beträchtlicher Unterschied. Die Partei hat ihren Erfolg geerbt, nicht geschaffen. Als das Betätigungsverbot für die vor 1980 aktiven Politiker im Jahr 1987 aufgehoben wurde, kam wieder die politische Landschaft der späten Siebziger zum Vorschein. Özal und Demirel versuchten sich gegenseitig die Mitte-Rechts-Wähler streitig zu machen, die traditionell einen hegemonialen Block bildeten, der aber in den siebziger Jahren durch den Aufstieg einer faschistischen sowie einer islamistischen Partei geschwächt worden war. Diese beiden noch weiter rechts stehenden Parteien traten nun ebenfalls wieder hervor. Türkes hatte einen großen Teil seines ideologischen Ballasts abgeworfen, und seine Partei versuchte jetzt, eine Synthese aus Religion und

Nation im Stil des eher generischen türkischen Chauvinismus an den Mann zu bringen, im Lauf der Zeit mit größerem – doch immer recht begrenztem – Erfolg.

Erbakan andererseits wurde zu einer wichtigen Macht. Der populäre Rückhalt der Islamisten war weitaus größer, und es zeigte sich, dass er mit diesem Potential geschickt umzugehen verstand. 1994 verfügte er von allen Parteien über die beste Organisation auf lokaler Ebene. Seine Partei konnte sich auf religiöse Netzwerke vor Ort stützen und sich moderner Kommunikationstechniken und Datensysteme bedienen. 1994 zeigte seine – nun umbenannte – Wohlfahrtspartei, was sie konnte, indem sie bei Gemeinderatswahlen in Istanbul, Ankara und einer ganzen Reihe anderer Städte siegte.[61] Rathäuser hatten in der Vergangenheit nie eine besonders wichtige Rolle gespielt, aber die neuen Bürgermeister der Wohlfahrtspartei und ihre Stadträte machten die vorher stets vernachlässigten Gemeinden, denen sie Dienstleistungen und wohltätige Zuwendungen zukommen ließen, zu Bastionen des populären Islamismus.

Hinter dieser Erfolgsgeschichte verbargen sich längerfristige Gesellschaftsveränderungen. Außerhalb des staatlichen Schulsystems hatten sich seit den fünfziger Jahren die religiösen Schulen stark vermehrt. Die Medien wurden zusehends trivialer und die Boulevardpresse und das kommerzielle Fernsehen propagierten eine Massenkultur, die (wie überall) sensationalistisch und konsumfixiert war, aber mit einer lokalen Pointierung. Indem sie den für die kemalistische Eindämmung des Islam entscheidenden Unterschied zwischen Privatleben und Privatfantasien einerseits und öffentlich vertretbaren Idealen und Sehnsüchten andererseits auflöste, begünstigte sie das Vordringen der Religion in die Sphäre der Öffentlichkeit. Die postosmanischen Eliten konnten es sich leisten, auf eine mit Volksreligiosität gesättigte Populärkultur herabzusehen, solange das politische System die Massen von jedem wirklichen Einfluss auf die Regierung ausschloss. Doch in dem Maße, in dem sich die türkische Ge-

sellschaft demokratisierte, mussten die Empfindungen dieser Massen und   **81**
ihr Glaube zunehmend Ausdruck in den Wahlkämpfen finden. Das muslimische Wählerpotential hatte es schon seit fast fünfzig Jahren gegeben.
Mitte der neunziger Jahre trat es sehr viel weniger schüchtern auf.

Kurz nach ihrem Triumph bei den Gemeinderatswahlen erhielt die
Wohlfahrtspartei 1995 ein Fünftel der Stimmen bei den nationalen Wahlen.
Wenig später wurde Erbakan Premierminister einer wackeligen Koalitions-
regierung. Da er die Ziele seiner Partei zuhause nicht verfolgen konnte,
versuchte er, im Ausland unabhängiger zu agieren, sprach von der muslimischen Solidarität und besuchte den Iran und Libyen. Er wurde jedoch rasch vom außenpolitischen Establishment zur Ordnung gerufen
und kaum ein Jahr danach unter dem Druck der Militärs gestürzt. Sechs
Monate später verbot das Verfassungsgericht die Wohlfahrtspartei wegen ihrer Verstöße gegen das säkularistische Prinzip. Erbakan kam dem
Verbot zuvor und bildete als ihre Reinkarnation die Tugendpartei. Diese
wurde ihrerseits im Sommer 2001 verboten, worauf er – nie verlegen um
einen inspirierenden Namen – als Ersatz die Glückspartei gründete.

Diesmal jedoch konnte er seine Fußtruppen nicht mitnehmen. Eine
neue Generation von Parteiaktivisten war zu dem Schluss gekommen,
dass Erbakans unberechenbarer, zwischen hitziger Radikalität und pein-
lichem Opportunismus schwankender Führungsstil zur Belastung für die
gemeinsame Sache geworden war. Wichtiger noch – die wiederholten
Verbotsaktionen, die sich gegen den von ihm vertretenen Islamismus
richteten, hatten sie davon überzeugt, dass es entscheidend war, seine
antikapitalistische und antiwestliche Rhetorik abzustellen und den Wählern ein moderateres, nicht so ausdrücklich konfessionelles Gesicht zu-
zuwenden – eines, das die kemalistische Elite nicht offen herausforderte.
Sie hatten Erbakan bereits die Kontrolle über die Tugendpartei streitig
zu machen versucht, 2001 waren sie zum endgültigen Bruch bereit. Drei
Wochen nach der Gründung der Glückspartei wurde die AKP unter Füh-

rung von Tayyip Erdoğan ins Leben gerufen. Erdoğan war von 1994 bis 1998 Bürgermeister von Istanbul gewesen und hatte wegen eines aufrührerischen Gedichts kurze Zeit im Gefängnis verbracht; die Wählbarkeit für das Parlament blieb ihm noch immer entzogen, doch bezweifelten nur wenige die Umsetzbarkeit seiner Ambitionen. Seine oftmals unter Beweis gestellten Fähigkeiten als Redner und Organisator sicherten ihm die Vorherrschaft in der neuen Partei.

Das spektakuläre Ausmaß des AKP-Sieges von 2002, der die Partei an die Macht katapultierte, war eher eine Folge des Wahlrechts als eines überwältigend klaren Wählerentscheids. Die Partei erhielt nicht mehr als vierunddreißig Prozent der Stimmen, was weit unter den von Menderes, Demirel oder Özal auf ihrem jeweiligen Höhepunkt erzielten Ergebnissen lag. Die jedoch verwandelten sich in siebenundsechzig Prozent der Abgeordnetensitze, weil so viele Parteien an der Zehn-Prozent-Hürde gescheitert waren – nur die immer noch existierende kemalistische RPP überwand sie mit neunzehn Prozent. Das Resultat sprach eher der Art von Demokratie das Urteil, welche die Verfassung von 1980 der Türkei vorgeschrieben hatte, als dass es ein überwältigender Vertrauensbeweis für die AKP gewesen wäre. Insgesamt die Hälfte aller abgegebenen Stimmen wurden durch die Zehn-Prozent-Klausel von der parlamentarischen Repräsentation ausgeschlossen.

Trotzdem entsprach diese unverhältnismäßig starke Kontrolle der Partei über die Legislative auch einer neuen Realität. Anders als bei all ihren Vorläufern stand der AKP keine glaubwürdige Opposition gegenüber. Alle Parteien, die man mit dem Desaster der späten neunziger Jahre in Verbindung brachte, waren ausgelöscht worden – bis auf jene hastig wiederbelebte RPP, eine Partei ohne eigentliches Programm und ohne Identität, die ausschließlich von der Angst zehrte, der Neoislamismus könne das Land übernehmen. Ein neuer Zyklus der Mitte-Rechts-Dominanz hatte begonnen, nicht radikal von der Vergangenheit unterschieden, aber doch in einem entscheidenden Punkt anders: Von Anfang an verfügte die AKP, obwohl sie zahlenmäßig weniger Unterstützung hatte als ihre Vorläufer in einer vergleichbaren Phase des Zyklus, über eine die ganze politische Szene beherrschende ideologische Hegemonie wie keine Partei jemals zuvor. Am Ende eines Eliminationsprozesses kontrollierte sie jetzt fast die gesamte politische Bühne allein.

Dieser strukturelle Wechsel ging einher mit einer Veränderung des Charakters der regierenden Partei. Aufgrund ihrer unübersehbaren Wurzeln in einem Islamismus, der sich nach 1980 außerhalb des politischen Establishments herausgebildet hatte, und wegen der massvollen Art ihrer Machtergreifung haben ihre Bewunderer im Westen die AKP häufig als hoffnungsvolles muslimisches Äquivalent der Christdemokratie beschrieben. Dieses Kompliment, in Europa ein hohes Lob, kam bei der AKP nicht besonders gut an; sie zieht den Begriff »konservative Demokratie« vor, weil er weniger geeignet ist, kemalistische Abwehrreflexe zu provozieren.[62] Aber der Vergleich ist so oder so irreführend. Es gibt keine Kirche, an die sich die AKP anlehnen könnte, keine wohlfahrtsstaatlichen Strukturen, die sie verwalten könnte, keine Gewerkschaften in ihrem Schlepptau. Ebensowenig gibt es irgendwelche Anzeichen innerparteilicher Demokratie oder Fraktionskämpfe, wie sie für die christdemokratischen Nachkriegsparteien in Deutschland oder Italien typisch waren.

Immerhin gibt es zwei Aspekte, unter denen man *grosso modo* eine Entsprechung der AKP zu jenen Parteien sehen könnte. Ihre Wählerbasis schließt wie die der europäischen Christdemokratien die Bauern ein, welche immer noch dreißig Prozent der türkischen Bevölkerung ausmachen, sie stützt sich aber stärker auf die Unterklasse der Massen in den städtischen Slums, die es im Europa der Nachkriegszeit kaum gab. Den dynamischen Kern der Partei jedoch bildet eine Schicht neureicher anatolischer Unternehmer, ganz und gar modern in ihrer Art und Weise, ein profitables Geschäft zu führen, und zutiefst traditionell in ihrer Anhänglichkeit an religiöse Gläubigkeit und religiöses Brauchtum. Diese Schicht, von den Konzernzentralen in Istanbul ebenso deutlich unterschieden wie die kleinstädtischen Notablen im Veneto oder der Mittelstand in Schwaben von Fiat oder der Deutschen Bank, stellt die neue Komponente des Mitte-Rechts-Blocks dar, den die AKP beherrscht. Die Ähnlichkeit mit den einstigen provinziellen Antriebsmotoren der deutschen und italienischen Parteien ist unverkennbar.

Ebenso gilt dies für die zentrale Bedeutung Europas – der EWG damals, der EU jetzt – als ideologischer Zement für die Partei. In der Türkei war dies politisch gesehen noch sehr viel wichtiger für Erdoğan und seine Kollegen als zu ihrer Zeit für Adenauer oder De Gasperi. Der Beitritt zur EU – das war tatsächlich bis jetzt die magische Formel für die Hegemonie der AKP. Für die breite Bevölkerung (in der viele unter den zwei Millionen Türken in Deutschland Verwandte haben) verkörpert ein Europa, in dem sie sich frei bewegen können, die Hoffnung auf bessere Arbeitsplätze, als man sie zu Hause finden könnte – falls es dort überhaupt welche gibt. Für die großen Unternehmen bedeutet der Beitritt zur EU den Zugang zu üppigeren Kapitalmärkten; für die Unternehmer des Mittelstands geringere Zinssätze; für beide ein stabileres makroökonomisches Umfeld. Für die freien Berufe ist die Anpassung an Europa die Messmarke, die anzeigt, dass die AKP keiner islamistischen Versuchung mehr erliegen wird. Für die liberale Intelligenz würde die EU einen Rückfall in die Militärherrschaft verhindern. Für das Militär würde der langgehegte kemalistische Traum wahr werden, sich endlich in voller Paradeuniform dem avancierten Westen anzuschließen. Kurz – Europa ist ein gelobtes Land, auf das die durchaus antagonistischen Kräfte der türkischen Gesellschaft aus ganz verschiedenen Gründen ihre sehnsüchtigen Blicke richten können. Seit sie sich diesen Drang nach Europa ganz zu eigen gemacht hat, kommt der AKP-Führung eine Dominanz in der türkischen Politik zu, wie es sie seit dem Kemalismus der frühen Republik nicht mehr gegeben hat.

Zur Einlösung ihres Anspruchs, die Türkei nach Europa zu führen, tat die
AKP in den ersten beiden Jahren ihrer Regierung verschiedene Schritte,
um den von der Union formulierten Normen genügen zu können. Eine
Reduzierung der Macht des Nationalen Sicherheitsrats (bereits vor dem
Regierungsantritt der AKP eingeleitet) und der Rolle des Militärs in dieser Institution war im eigenen Interesse der Partei wie auch in dem der
Gesamtbevölkerung. Von unmittelbarerer Bedeutung für den einfachen
Bürger war die Abschaffung der Staatssicherheitsgerichte, eines wichtigen Instruments der Unterdrückung. Der Notstand, der seit 1987 über
den Südosten verhängt war, ist aufgehoben worden, die Todesstrafe ist
abgeschafft. 2004 wurden mehrere kurdische Abgeordnete, die ins Gefängnis gekommen waren, weil sie im Parlament ihre eigene Sprache
gebraucht hatten, endlich auf freien Fuß gesetzt. Dieses Reformpaket,
dem die Medien lauten Beifall zollten, sicherte der AKP ihre europäische
Legitimität.

Zum größten Teil ist die Popularität der neuen Regierung jedoch auf
die rasche wirtschaftliche Erholung zurückzuführen, die sich seit ihrer
Regierungsübernahme einstellte. Die AKP erbte ein Stabilisierungspro-
gramm des Internationalen Währungsfonds (die Vorbedingung für den
Kredit, den der Fonds Ende 2001 der Türkei zur Verfügung stellte), was
vorab die Parameter ihrer Wirtschaftspolitik festlegte. Die Ideologie der
Wohlfahrtspartei, aus der sie hervorgegangen war, schlug in ihrer Rhetorik oft nicht nur antiwestliche, sondern auch antikapitalistische Töne
an. Mit der europäischen Wende der AKP verschwanden die antiwest-
lichen Parolen; die Erinnerungen an den Antikapitalismus ließ sie noch
demonstrativer hinter sich: Sie übernahm die neoliberale Strategie mit
dem Eifer des Konvertiten. Budgetdisziplin wurde zum Zauberwort, Privatisierung zum heiligen Gral. Die *Financial Times* konnte bald bei der
Türkei eine »Leidenschaft für den Verkauf von Staatsbesitz« konstatie-
ren.[63] Bei einem Primärhaushaltsüberschuss von sechs Prozent und Real-

zinsen von fünfzehn Prozent sank die Inflationsrate auf einstellige Ziffern, das Vertrauen in die Wirtschaft war wiederhergestellt, die Investitionen stiegen, das Wachstum schoß nach oben. Zwischen 2002 und 2007 hatte die türkische Wirtschaft eine durchschnittliche jährliche Wachstumsrate von sieben Prozent. Vom Aufschwung angezogen und ihn weiter nährend strömte ausländisches Kapital ins Land und holte sich siebzig Prozent des Istanbuler Aktienmarkts.

Wie anderswo erleichterte das Ende der starken Inflation die Lage der ärmeren Bevölkerungsschichten, weil sich die Preise für die lebensnotwendigen Güter stabilisierten. Der Aufschwung schuf Arbeitsplätze, wenn diese auch nicht in offiziellen Statistiken auftauchen, wo die Arbeitslosenrate – über zehn Prozent – unverändert bleibt. Aber dem arbeitsplatzlosen Wachstum im offiziellen Sektor steht die wachsende Beschäftigung in der Schattenwirtschaft gegenüber, vor allem in Form von Gelegenheitsarbeit auf dem Bau. Objektiv gesehen bleiben solche Zugewinne recht bescheiden: die Reallöhne sind unverändert und des demographischen Wachstums wegen hat sich die Zahl der Armen sogar erhöht. Ideologisch reichten sie jedoch aus, so ein kluger Beobachter, dass die AKP zum ersten Mal den Neoliberalismus als eine Art gesunden Menschenverstand der ärmeren Bevölkerung verkaufen konnte.[64]

Wie tief aber wurzelt die populäre Überzeugung, dass der Markt es immer am besten weiß? Die Budgetdisziplin hat eine Reduzierung der Sozialausgaben für staatliche Dienstleistungen oder Unterstützungen mit sich gebracht, so dass es für die AKP schwierig geworden ist, jene Großzügigkeiten auf Gemeindeebene fortzusetzen, von denen ihre Führer in den neunziger Jahren profitierten – als die Wohlfahrtspartei Verbesserungen im öffentlichen Bereich quasi direkt bei den Wählern abliefern konnte. Der türkische Staat zieht nur etwa achtzehn Prozent des Bruttosozialprodukts als Steuern ein – selbst nach heutigen Maßstäben ein Tribut an den Egoismus der Reichen, so dass es ohnehin nur wenig Regierungsmittel

gibt, die noch verteilt werden könnten, wenn die Besitzer von Staats-
papieren ausgezahlt sind.[65] Um die Massen der städtischen Wähler an
sich zu binden, muss die AKP ihnen mehr bieten als das zunehmend
trockenere Brot des Neoliberalismus. Mangelnde soziale Umverteilung
erfordert kulturelle oder politische Kompensationen. Auch die Parteimit-
glieder müssen berücksichtigt werden: Eine nur aus IWF-Vorschriften
bestehende Diät würde sie aushungern.

Die Gefahren, die entstehen, wenn man sich Anweisungen aus dem
Ausland allzu willig fügt, wurden schon früh beispielhaft sichtbar, als die
AKP-Führung im März 2003 das Parlament drängen wollte, per Abstimmung die amerikanischen Truppen einzuladen, den Angriff auf den Irak
über die Türkei zu führen. Ein Drittel der eigenen Abgeordneten rebel-
lierte, und das Vorhaben fiel durch, zum Vergnügen der Öffentlichkeit.
In diesem Stadium war Erdoğan noch nicht im Parlament, da das gegen
ihn verhängte Verbot, sich politisch zu betätigen, noch in Kraft war. Vielleicht hatte sein Vize, Abdullah Gül, es aus einem gewissen Rivalitätsge-
fühl heraus unterlassen, mit letztem Nachdruck vorzugehen.[66] Zwei Monate später saß Erdoğan im Parlament und nahm das Heft in die Hand.
Als er Premierminister geworden war, peitschte er ein Votum durch, mit
dem türkische Soldaten als Besatzungstruppen in den Irak entsandt werden sollten. Aber es war zu spät, denn die irakischen Autoritäten lehnten
mit einem nervösen Blick auf mögliche kurdische Reaktionen das An-
gebot ab. Immerhin zeigte Erdoğans Fähigkeit, so etwas durchzusetzen,
welche Stellung er nun am Firmament der AKP hatte.

In seiner Person ist in der Tat viel von der symbolischen Kompensation zu finden, derer sich die Wähler der Partei zum Ausgleich für ihre
materiellen Entbehrungen erfreuen können. Die postmoderne politische
Kultur, immer enger angebunden an das Spektakel, hat bereits eine Reihe
von Führern hervorgebracht, die direkt aus der Vergnügungsindustrie kommen. Erdoğan gehört in dieser Hinsicht in eine Reihe neben Reagan und

Berlusconi: Wer konnte nach einem Schauspieler und einem Kreuzfahrt-animateur populärer sein als ein Fußballstürmer? Erdoğan, Sohn einer Arbeiterfamilie und Absolvent der Religionsschulen von Istanbul, begann als Profifußballer, ehe er in der Wohlfahrtspartei aufstieg und mit vierzig Bürgermeister der Stadt wurde. Unterwegs fand er Zeit, sich als erfolgreicher Geschäftsmann zu beweisen, der ein hübsches Vermögen machte. Weder bescheidene Herkunft noch neuerworbener Reichtum sind bei den Führern der rechten Mitte in der Türkei etwa Neues. Was Erdoğan aber von seinen Vorgängern unterscheidet, ist der Umstand, dass er im Gegensatz zu Menderes, Demirel oder Özal seinen Weg zur Macht nicht über die Politbürokratie gegangen ist, von oben protegiert, sondern über die lokale und regionale Organisation, von unten. Zum ersten Mal wird die Türkei von einem professionellen Politiker regiert.

Auf dem Podium ist Erdoğan eine Figur von starkem heimischem Charisma. Hochgewachsen und massiv, mit hängenden Lidern und einer von dem schmalen Schnurrbart akzentuierten langen Operlippe, verkörpert er drei der höchstgeschätzten Werte der populären türkischen Kultur: Frömmigkeit (die Legende will wissen, dass er immer gebetet hat, ehe er auf den Fußballplatz lief), Machismo (er ist berühmt für seine Härte in Wort und Tat, Untergebenen wie Gegnern gegenüber) und volkstümliches Auftreten (Gebaren und Sprache erinnern eher an die Stände der Straßenverkäufer als an den Salon). Wenn in der AKP keine Spur von Demokratie mehr übriggeblieben ist und die Parteitage in ihren Akklamationen des Führers mit denen des »Einigen Russland« unter Putin wetteifern, so ist das im Kontext einer Tradition, die autoritäres Auftreten als Zeichen der Stärke respektiert, nicht unbedingt nachteilig. Die Schwächen in Erdoğans öffentlichem Auftreten liegen anderswo. Cholerisch und nachtragend, ist er den satirischen Kommentaren der Presse preisgegeben, deren Journalisten er schon zu Dutzenden verklagt hat, weil sie Ungünstiges über ihn oder seine Familie berichtet haben, die im

übrigen von den Jahren der AKP an der Macht nicht schlecht profitiert
hat. Die Galahochzeit eines Sohnes – unter den Gästen Berlusconi –, die
Heirat einer Tochter, der Pakistans damaliger Präsident Musharraf gra-
tulierte – für derartige Veranstaltungen wurde halb Istanbul abgesperrt.
Der Firma eines Schwiegersohns wurde die Kontrolle über den zweit-
größten Medienkonzern des Landes übertragen. Zu Anfang stand die
AKP noch im Ruf der Sauberkeit – nun läuft der Parteiführer Gefahr,
Züge eines Boulevardstars anzunehmen, mit aller zwielichtigen Wider-
sprüchlichkeit, die das mit sich bringt. Doch bleibt der Personenkult um
Erdoğan eine der Trumpfkarten der Partei, wie es bei dem nicht weniger
eitlen und autokratischen Menderes der Fall gewesen war. Das Publikum
ist lediglich vom Land in die Städte gezogen.

Als 2007 wieder gewählt wurde, war die Parteihierarchie der AKP
von all denen gesäubert worden, die sich gegen den Irakkrieg gestellt
hatten – Relikte einer abgelaufenen Vergangenheit. Als homogene Ord-
nungspartei mit einem magnetisch attraktiven Führer holte die Partei
nun siebenundvierzig Prozent der Stimmen. Dies war ein sehr viel deut-
licherer Sieg als 2002 und wurde im Westen als eine beispiellose Bestä-
tigung Erdoğans angesehen. In mancher Hinsicht war es jedoch weniger,
als man hätte erwarten können. Die Stimmenquote der AKP lag sechs
Prozent unter der von Demirel 1965 und elf unter der von Menderes
1954. Andererseits entfielen auf die ex-faschistische MHP, die nun ebenfalls die kryptoreligiöse Fahne aufgezogen hatte, vierzehn Prozent der
Stimmen, was insgesamt einundsechzig Prozent für die Rechte ergab.
Das könnte man wiederum als einen neuen Höhepunkt interpretieren.
Tatsächlich verlor die AKP wegen der Prozentschwellenarithmetik einige
Sitze, obwohl sich ihre Stimmenzahl insgesamt um mehr als ein Drittel
erhöhte, aber der Erfolg der MHP ergab für beide Parteien zusammen
eine Dreiviertelmehrheit in der Nationalversammlung: mehr als genug
für eine Verfassungsänderung.

In dieser zweiten Amtszeit hat die AKP ihren Kurs geändert. 2007 war der Beitritt zur EU immer noch ein strategisches Ziel, aber nicht mehr das alte Sesam-öffne-dich der Partei. Nachdem 2004 der angloamerikanische Plan zur Abwicklung der Republik Zypern gescheitert war, stand die Partei vor der peinlichen Perspektive, die türkische Militärpräsenz auf der Insel beenden zu müssen, wenn das Land tatsächlich in die EU aufgenommen werden wollte – ein Preis, vor dessen Entrichtung das gesamte politische Establishment Ankaras traditionell zurückzuckt. So verlangsamte die Partei nach dem anfänglichen Schub liberaler Reformen ihr Tempo, und es gab wenig weitere Veränderungen von wirklicher Bedeutung, durch welche der Schutz der Bürgerrechte verbessert oder der Unterdrückungsapparat abgebaut worden wäre. Selbst das geduldige Brüssel, dessen Beamten sich zu unerschütterlichem Optimismus entschlossen hatten, war nachgerade irritiert. 2006 begann der jährliche Bericht der EU-Kommission über die Türkei, eine Schatzkammer bürokratischer Euphemismen, hie und da etwas reuevoll zu klingen.

Kurz darauf wurde Anfang 2007 Hrant Dink, ein armenisch-türkischer Journalist, dem mehrfach wegen »Herabsetzung des Türkentums« (er sprach über den armenischen Genozid) der Prozess gemacht worden war, in Istanbul ermordet. Massenhafte Protestdemonstrationen fanden statt. Ein Jahr später hatte die AKP nicht mehr zustande gebracht als eine winzige Modifizierung des Paragraphen, unter dem Dink angeklagt worden war: die »Herabsetzung des Türkentums« war zu einer »Herabsetzung der türkischen Nation« geworden. Vierundzwanzig Stunden nach diesem historischen Schritt startete die Polizei eine rücksichtslose Attacke auf Arbeiter, die mit einer Gedenkdemonstration an die Ermordung von Gewerkschaftlern auf dem Taksimplatz im Jahre 1977 erinnern wollten. Knüppel, Tränengas, Wasserkanonen und Gummigeschosse verletzten achtunddreißig Menschen. Über fünfhundert wurden verhaftet. Wie Erdoğan erläuterte: »Wenn die Füße den Kopf regieren wollen, kommt das Ende der Welt.«

Der Abwurf des liberalen Ballasts, auf den man verzichten konnte, weil Europa trotz allem immer wieder zur alten Tagesordnung überging, bedeutete gleichzeitig das Kitzeln der nationalen Phobien. In ihrer ersten Amtszeit hatte die AKP einige Konzessionen an die Kultur und die Gefühle der Kurden gemacht – es wurden ein paar Stunden Regionalfernsehen in kurdischer Sprache gestattet, ein bisschen Kurdischunterricht an privaten Schulen. Das brachte wenig strukturelle Veränderungen im Leben der kurdischen Bevölkerung, reichte aber zusammen mit selektivem Einsatz staatlicher Patronage in kurdischen Kommunen und einer etwas ökumenischeren Rhetorik aus, damit sich 2007 die Stimmen für die Partei im Südosten verdreifachten. Seither neigt die Regierung jedoch wieder stark den traditionellen militärischen Lösungen in der Region zu. Denn kurz nach dem Scheitern des von ihr bevorzugten Zypernplans fand sie sich mit einer neuen Welle von Guerillaaktivitäten der PKK konfrontiert. Diese waren von geringerem Ausmaß als früher und wurden von Öcalan mehr oder weniger abgelehnt,[67] hatten aber den Vorteil einer sehr viel sichereren Rückzugsbasis im *de facto* autonomen irakischen Kurdistan, das entstanden war, nachdem die Amerikaner in Bagdad einmarschierten.

In bewährter Manier reagierte der türkische Generalstab mit verschärfter Repression, warf mehr Panzer und Gendarmen in den Südosten und drängte auf grenzüberschreitende Operationen in den Nordirak hinein. Die Mobilisierung der staatlichen und parastaatlichen Agenturen zur Zerschlagung der Guerillas wurde in der Zivilgesellschaft von einem Orkan nationalistischer Hysterie begleitet, die sich von der Angst vor den Langzeitfolgen der kurdischen Autonomie im Irak nährte, vom Ärger darüber, dass das Land sich zum erstenmal seit einem Jahrhundert vor der öffentlichen Meinung Europas rechtfertigen musste, und vom langweiligen Elend der arbeitslosen Jugendlichen in der Provinz, die ein hauptsächliches Rekrutierunsgpotential der MHP bildeten. In diesem Sturm nahmen Erdoğan und seine Kollegen denselben Kurs wie Demirel – sie zeigten sich dem Militär gegenüber gefügig (türkische Jets und Truppen griffen bald über die Grenze hinweg Positionen im Irak an) und verstärkten die eigene chauvinistische Rhetorik. Im Winter 2007 waren die türkischen Städte von einem Ende zum anderen mit Nationalfahnen drapiert, die aus Fenstern und von Balkonen hingen; junge Leute ersetzten im Facebook ihr eigenes Foto durch den Halbmond im roten Feld; Abend für Abend bestanden die Fernsehnachrichten aus feierlichen Bildern von Erdoğan und Gül an der Spitze einer Phalanx von Armeebefehlshabern, wie sie bei der Beerdigung von im Südosten gefallenen Soldaten präsidierten, während Mütter über den Särgen ihrer Söhne weinten – dazwischengeschnitten Aufnahmen von Truppen, die im Stechschritt durch Diyarbakir zogen und mit Stentorstimmen »Eine Fahne, eine Nation, eine Sprache, ein Staat!« brüllten. Eine vergleichbare Intensität des integralen Nationalismus hat Europa seit den dreißiger Jahren nicht gesehen.

Dass die AKP sich diesem tobenden Chauvinismus anschließt, bedeutet keine Aufgabe ihrer eigenen Ziele. Wenn das Nationale als Herrschaftsdiskurs der Gesellschaft das Religiöse aussticht (ohne ihm zu widersprechen), dann hat die Partei viel zu gewinnen und wenig zu verlieren, wenn sie dieser Tendenz folgt. Taktisch hat ihr Schwenk eine offenkundige Logik. Das Handelsdefizit ist groß, das ausländische Kapital, mit welchem es ausgeglichen wird, ist zum größten Teil spekulativ und könnte sich beim ersten Anzeichen einer ernsten Krise zurückziehen, die Inflationsrate ist wieder zweistellig. Sollte eine Talfahrt der Wirtschaft beginnen, ist muskulöse Sicherheitspolitik eine ehrwürdige wahlpolitische Alternative. Strategisch gesehen – so lautet das Kalkül – bedeutet die Großzügigkeit dem Militär gegenüber (das im Kampf gegen den Terrorismus alles bekommt, was es will), dass die Partei auf anderen Gebieten ihre eigenen Ziele verfolgen kann.

Die sind zweifach: der Gesellschaft insgesamt eine stärker religiös geprägte Gestalt zu geben und jene Teile des Staatsapparats zu erobern, die sich dieser Tendenz widersetzen. Welche Priorität (auf Kosten liberaler Reformen) diese tieferen Absichten haben, kann man an der Entschiedenheit ablesen, mit der die AKP darauf bestand, das Präsidentenamt durch die Ernennung Güls zu kontrollieren. Der Schachzug löste beim Militär und der Bürokratie großen Unwillen aus, dem dann der leichte Wahlsieg 2007 den Impetus nahm. Die politische Bedeutung aber lag in der glatten Weigerung der Partei, eine unabhängige Persönlichkeit und einen ausgewiesenen Demokraten zu nominieren, was durchaus einen politischen Gewinn bedeutet hätte – aber eben einen ganz anderer Natur, und an dem war sie nicht interessiert. Der Versuch, einen frommen Ignoranten zum Gouverneur der Zentralbank zu machen, schlug zwar fehl, er deutete aber auf den Generalplan der Partei hin: eine Kolonisierung des Staates durch zuverlässige Anhänger, welche auf den niedrigeren Ebenen bereits rasch voranschreitet. Parallel dazu hat die Bewegung, welche der exilierte Mystagoge Fethullah Gülen anführt (der einen untadelig wirtschaftsfreundlichen, modernen, proamerikanischen Islam predigt), ein Opus-Dei-artiges Imperium aufgebaut, das nicht nur Fernsehsender, Zeitungen und Hunderte von Schulen kontrolliert, sondern auch alle Ränge der Polizei infiltriert hat.[68]

Die Versuche, die Zivilgesellschaft nach den Vorstellungen der regierenden Partei umzuformen, folgen einem ähnlichen Muster. Weit von dem Bemühen entfernt, die revisionsbedürftigen Artikel eines immer noch am italienischen Faschismus modellierten Strafgesetzbuches zu ändern, wollte Erdoğan im Gegenteil ein Gesetz durchdrücken, das den Ehebruch kriminalisiert hätte (drei Jahre Gefängnis für das Verlassen des ehelichen Bettes), und ließ erst ab, weil das selbst seinen wärmsten Bewunderern in Europa zuviel gewesen wäre. An dieser Front wird nun stattdessen um die weibliche Kopfbedeckung gekämpft. Nachdem es nicht gelungen war,

beim Europäischen Gerichtshof für Menschenrechte ein Urteil zu erwir-
ken, welches das türkische Verbot des Kopftuchs in der Öffentlichkeit
(die Universitäten eingeschlossen) als Menschenrechtsverletzung stigma-
tisiert hätte, führte der AKP-MHP-Block im Frühjahr 2007 zwei Verfas-
sungsänderungen durch, welche das Verbot kurzerhand abschafften; das
Verfassungsgericht hat sie später wieder aufgehoben.

Die Auseinandersetzung um das Kopftuch ist ein hervorragendes Beispiel für die pervertierte Dialektik von Staat und Religion in der kema-
listisch geprägten Türkei. Die Weigerung, die jungen Frauen an den Universitäten sich kleiden zu lassen, wie sie wollen, ist eine offensichtliche
Diskriminierung der Gläubigen und schließt sie de facto vom Studium
aus. Die Erlaubnis des Kopftuchtragens wiederum würde – wie einem
jedes säkular denkende Mädchen aus der Provinz sagen kann – große
Ängste vor dem Gegenteil auslösen: dem brutalen sozialen Druck, ein
Kopftuch zu tragen oder aber durch Isolation und vielleicht weit Schlim-
meres bestraft zu werden. Die AKP ist nicht in der Lage, derartige Ängste
zu zerstreuen, weil ihre bisherigen Maßnahmen und der Stil ihrer Parteiführung durchgängig so arrogant und rücksichtslos waren. Andererseits
ist der zeitgenössische Kemalismus gewiss nicht berechtigt, den Anspruch
zu erheben, der Staat müsse die Öffentlichkeit von allen Ausdrucks-
formen des Religiösen reinhalten, wo er doch mit Steuergeldern ein rie-
siges Direktorat unterhält, das einen einzigen Glauben fördert, den Islam,
während alle anderen Religionsgemeinschaften in ihren Aktivitäten scharf
eingeschränkt werden. Die Wogen politischer Pietät, die seit den fünfziger Jahren immer wieder aufgebrandet sind und unter denen die AKP
nur die jüngste ist, stellen die logische Rache an der Unaufrichtigkeit
des Kemalismus dar. Ein genuiner Säkularismus hätte von Anfang an
die Verbindung zwischen Staat und Religion ganz und gar durchtrennt
und einen Raum geschaffen, in dem die ganz alltägliche Ablehnung aller
Glaubensformen möglich gewesen wäre. Wie wenig dies gelungen ist,

kann man am Urteil von David Shankland ablesen, einem der am stärksten mit seinem Gegenstand sympathisierenden Analytiker der türkischen Religion und Gesellschaft (und der Staatskunst Erdoğans): »Es besteht nicht der geringste Zweifel«, schreibt er, »dass es heute gefährlich für einen Mann oder eine Frau ist, offen den Glauben an Gott zu verwerfen.«[69] Die Armee selbst, diese angebliche Bastion des Säkularismus, beschreibt die im Kampf gegen die Aufständischen Gefallenen regelmäßig als »Märtyrer«. Nation und Religion stehen im heutigen Kemalismus strukturell im selben Verhältnis wechselseitiger Abhängigkeit wie damals, als der *Gazi* den Staat gründete.

Doch weil dieses Abhängigkeitsverhältnis niemals offen eingeräumt werden durfte, entstand im politischen System der Türkei eine starke untergründige Spannung zwischen einer säkularistisch auftretenden Elite und religiös auftretenden Massenparteien – und jede Seite wirft der anderen Intoleranz vor. Die AKP hat diese Blockade nicht aufgelöst, sondern sie reproduziert. Vor seinem Amtsantritt sagte Erdoğan mit einer berühmten Formulierung zu seinen Anhängern, die Demokratie sei wie eine Straßenbahn: Wir steigen ein und benutzen sie, bis wir an unser Ziel gelangt sind, dann steigen wir aus.[70] Diese Bemerkung ist gelegentlich so interpretiert worden, als enthülle sich hier ein Geheimplan der AKP, eine parlamentarische Mehrheit zur Errichtung einer fundamentalistischen Tyrannei zu benutzen. Ihre Bedeutung mag jedoch viel banaler sein: Auf die Macht kommt es an, nicht auf das Prinzip. Erdoğan ist zweifellos ebenso fromm wie Blair oder Bush, mit denen er gut zurechtkam, doch gibt es wenig Grund zu der Annahme, er würde die Fleischtöpfe seines Amtes um seiner Glaubensgrundsätze willen aufs Spiel setzen (ebensowenig wie die beiden anderen). Eine instrumentelle Haltung zur Demokratie ist etwas anderes als Demokratiefeindschaft – und auch etwas anderes als demokratische Überzeugung. Mit Wahlen ist die AKP gut gefahren – warum sie abschaffen? Das Insistieren auf religiösem Integrismus würde den Beitritt zur EU gefährden – weshalb dieses Risiko eingehen?

Die Versuchungen und Gefahren für diese Partei liegen anderswo. Einerseits steht die AKP unter dem Druck ihrer Wähler (besonders auch des harten Kerns ihrer Mitglieder), in dem langen Kampf der Gläubigen um mehr öffentliche Anerkennung für ihre Religion und deren äußere Symbole endlich Erfolge vorzuweisen. Andererseits hat die herrschende, beispiellose Schwäche jeglicher Opposition innerhalb des politischen Systems bei der Führung zu einem fast schwindelerregenden Gefühl neuer Handlungsfreiheit geführt. Militär und Bürokratie bleiben gewiss potentiell bedrohlich – aber würde es die Armee noch einmal wagen, einen Coup zu inszenieren, nachdem die Türkei nun an der Schwelle zur EU steht und ganz Europa zusieht? Der Ausgang der letzten Krise, als das Verfassungsgericht es mit nur einer Stimme Mehrheit ablehnte, die AKP wegen ihrer Verletzungen des säkularistischen Prinzips zu verbieten, deutet darauf hin, dass der heutige Kemalismus zwar bereit ist, seinen Gegner zu verletzen, aber Angst hat, zu einem entscheidenden Schlag auszuholen.

Die AKP hat sich mit Anschuldigungen zur Wehr gesetzt, es gebe eine Verschwörung gegen sie (in deren labyrinthischer Konstruktion jegliche Erwähnung des Mordes an Dink oder der Verbrechen im Südosten unter der AKP-Regierung sorgfältig unterblieb). Ob sie sich am Ende entschlossener zeigen wird als die kemalistische Elite, bleibt abzuwarten. Im Augenblick hat sie die Oberhand; die Wirtschaft steht hinter ihr. Ein triumphaler Appell an die Wähler, die Verfassung des Jahres 1982 wegzufegen, wäre eine Möglichkeit. Die Hybris, die das Ende von Menderes besiegelte, eine andere. Klar ist, dass der letzte Zyklus der Mitte-Rechts-Herrschaft in der Türkei in eine kritische Phase eingetreten ist – in die, wo die Vorgänger stets gestolpert sind. Mag auch die Stellung der AKP im Moment stärker sein als je die der früheren herrschenden Parteien, unbesiegbar ist sie nicht.

ten Versionen des Islamismus und des Kemalismus leiten sich von derselben Urszene her wie ihre Vorgänger, auch wenn beide nun die Sublima-
tion in Europa suchen. Das gilt auch für die wichtigsten Hindernisse für
den Beitritt der Türkei zur EU. In der Türkei selbst glaubt man, dies seien
der europäische Rassismus und die Islamophobie, oder das Unbehagen
angesichts des zukünftigen Gewichts eines Landes im Europäischen Rat,
welches das größte Mitglied wäre. Vielleicht ebenso wichtig, wenn auch
seltener erwähnt, ist das Kalkül, dass es nach einem Beitritt der Türkei
schwierig würde, der Ukraine die Aufnahme zu verweigern – nicht ganz
so groß, aber demokratischer, mit höherem Pro-Kopf-Einkommen, und
doch ein Land, von dem Romano Prodi einmal erläuternd sagte, es habe
ebensoviel Chancen wie Neuseeland, Mitglied der EU zu werden. Derartige Widerstände sollten nicht heruntergespielt werden. Doch die wirklichen Schwierigkeiten liegen im Lande selbst. Drei davon sind wichtiger
als alle anderen. Sie haben ihren gemeinsamen Ursprung in jenem Integritätsnationalismus, der ohne Bruch, ohne Reue aus den letzten Jahren
eines auf Eroberung gegründeten Imperiums hervorging.

Das erste und theoretisch größte Hindernis für den Beitritt ist die
fortdauernde türkische Besetzung eines Teils von Zypern, der in politischer Abhängigkeit bleibt. Sich zu weigern, einen Mitgliedsstaat der
EU anzuerkennen, und doch gleichzeitig den Beitritt zu suchen – das erfordert eine diplomatische Chuzpe, die wohl nur eine einstige imperiale
Macht aufbringt. Wie gerne und eifrig Brüssel auch Ankara willkommen
hieße, die völkerrechtliche Monstrosität der türkischen Position in Zypern liegt immer noch als ungelöstes Problem zwischen der Türkei und
der EU. Das zweite Hindernis für die rasche Aufnahme der Türkei ist die
innenpolitische Situation der türkischen Minderheiten. Es handelt sich
hier nicht um irgendwelche kleinen Bevölkerungsgruppen. Die Kurden
zählen zwischen neun und dreizehn Millionen, die Alewiten zwischen

zehn und zwölf (von denen wiederum zwei bis drei Millionen Kurden sind). Mit anderen Worten: Fast ein Drittel der Bevölkerung leidet unter systematischer Diskriminierung wegen seiner Volksgruppe oder Religion. Die Grausamkeiten, welche der türkische Staat den Kurden antut, sind gut bekannt, aber um die Stellung der Alewiten (von der sunnitischen Mehrheit oft als Atheisten angesehen) in der türkischen Gesellschaft ist es noch schlechter bestellt. Keine der beiden Minderheiten bildet eine einheitliche Menge, die gleichmäßigen Schikanen ausgesetzt wäre. Es leben mittlerweile mehr Kurden in den Großstädten als im ländlichen Südosten; viele von ihnen sprechen kein Kurdisch mehr und sind mit Türken verheiratet.[71] Die Alewiten leben in einer einzigen Gebirgsenklave untereinander und sind ansonsten im ganzen Land zerstreut. Dass aber beide Gruppen nicht entfernt die Gleichberechtigung und die Achtung genießen, welche die in Kopenhagen festgelegten Kriterien der EU nominell fordern, ist ganz offensichtlich.

Schließlich ist da der Genozid an den Armeniern, nach dessen Haupttätern im ganzen Land Schulen und Straßen benannt sind. Talat: ein Boulevard in Ankara, vier Avenuen in Istanbul, drei Stadtviertel, vier Grundschulen. Enver: drei Avenuen in Istanbul, zwei in Izmir, drei im besetzten Zypern, Grundschulen in Izmir, Muğla, Elazığ. Cemal Azmi, verantwortlich für den Tod von Tausenden in Trabzon: eine Grundschule in eben dieser Stadt. Reşit Bey, der Schlächter von Diyarbakir: ein Boulevard in Ankara. Mehmet Kemal, für seine Greueltaten gehängt: große Straßen in Istanbul und Izmir, Statuen in Adana und Izmir, ein Grabstein am Nationalheldendenkmal in Istanbul. Als wären in Deutschland Plätze, Straßen und Kindergärten nach Himmler, Heydrich, Eichmann benannt, und niemand würde auch nur die Stirn runzeln! Bücher, in denen Talat, Enver und Sakir gerühmt werden, erscheinen in größerer Zahl denn je.[72] Dies ist nicht lediglich ein Erbteil der kemalistischen Vergangenheit. Die Islamisten haben dieselbe Tradition bis in die Gegenwart fortgeführt. Talats

Katafalk wurde von Inönü 1943 mit allen Ehren im Panzerzug aus dem Dritten Reich zur Bestattung heimgeholt; Demirel aber war es, der die Überreste Envers 1996 aus Tadschikistan zurückholte und persönlich im Rahmen eines Staatsakts in Istanbul beisetzte. Als das Bestattungsgefäß in die Erde hinabgelassen wurde, stand neben Demirel der Liebling des Westens unter den gemäßigten Muslimen: Abdullah Gül, heutiger AKP-Präsident der Türkei.

Ein integraler Nationalismus, der nie davor zurückschrak, die Armenier auszurotten, die Griechen zu vertreiben, die Kurden zu deportieren und die dissidenten Türken zu foltern, und der immer noch sehr viele Wähler auf seiner Seite hat, ist ein Machtfaktor, den man nicht leichtnehmen sollte. Die türkische Linke, die stets zu seinen Opfern zählte, hat ihm gegenüber den größten Mut bewiesen. Politisch gesehen wurde die »Generation von 1978« vom Militärcoup des Jahres 1980 niedergemäht – jahrelange Haft, Exil oder Tod vernichteten jede Chance für das Wiederaufleben eines ebenso breiten und populären Linksaktivismus. Doch als die schlimmste Unterdrückung vorüber war, da war es jene Generation, die eine kritische Kultur hervorbrachte, die in keinem europäischen Land der Zeit ihresgleichen findet: Es entstanden Studien, Romane, Filme, Zeitschriften, Verlage, die Istanbul in mancher Hinsicht zu einem lebendigeren radikalen Milieu machten als London, Paris oder Berlin. Dies ist der Hintergrund, dem Orhan Pamuk (der hier durchaus auch – freundliche – Kritik auf sich zieht) und andere führende türkische Schriftsteller entstammen.

Wenn es einen blinden Fleck in der Weltsicht dieser intellektuellen Linken gibt, dann heißt er Zypern. Hierüber wissen nur wenige wirklich etwas, und die meisten sagen nur Weniges. Doch was die beiden anderen besonders neuralgischen Punkte angeht, so war ihre Haltung beispielhaft. Die Verteidigung der Kurden stand seit Jahrzehnten im Mittelpunkt ihrer Imagination und zeigt sich in den Werken einer langen Reihe von wichtigen Schriftstellern und Cineasten (oft selbst Kurden) – von Yaşar Kemal, Mehmet Uzun oder Yılmaz Güney (*Yol*) bis zu jüngeren Filmen wie Handan Ipekçis verbotenem ›Hejar – großer Mann, kleine Liebe‹ (2001) und Yeşim Ustaoğlus ›Reise zur Sonne‹ (1999). Das Schicksal der Armenier war Thema einer Historikertagung in Istanbul (unter politischem Druck von zwei Universitäten abgesagt und schließlich an einer dritten abgehalten) und Gegenstand eines Memoiren-Bestsellers (Fethiye Çetin, ›Meine Großmutter‹), eines Romans (Elif Shafak, ›Der Bastard von Istanbul‹), radikaler Reportage (Ece Temelkuran) und vieler Zeitungsartikel (etwa von Murat Belge in *Radikal*).

Vor allem aber die hervorragende Arbeit des Historikers Taner Akçam hat die Wirklichkeit des armenischen Genozids und seine tief vergrabene Hinterlassenschaft im türkischen Staat für die Zeitgeschichtsforschung auf unhintergehbare Weise thematisiert. Seine wegweisende Studie, die mit einem großen Tabu brach, wurde 1999 in der Türkei veröffentlicht.[73] Eine Sammlung wichtiger Aufsätze erschien 2004 auf Englisch (*From Empire to Republic: Turkish Nationalism and the Armenian Genocide*), und sein erstes Buch wurde 2006 übersetzt als *A Shameful Act: The Armenian Genocide and the Question of Turkish Responsibility*. Die militärische Repression 1980 brachte ihn ins Gefängnis und trieb ihn dann ins Exil; selbst im Ausland ist Akçam wiederholt bedroht und belästigt worden, weil amerikanische Behörden ihren türkischen Kollegen halfen, ihm das Leben schwer zu machen. In der Türkei ist das Thema Genozid für einen jeden gefährlich, der es anzurühren wagt, wie die Anklage gegen Pamuk und die Ermordung Dinks – beides geschah unter der Regierung der AKP – zeigen.

Außerhalb der Türkei gab es lange Zeit eine Schule von Historikern (angeführt von dem verstorbenen Stanford Shaw), welche einfach die offizielle Mythologie des türkischen Staates nachschrieben und bestritten, dass sich auf osmanischem Boden irgendetwas ereignet hätte, das man auch nur entfernt als Genozid hätte bezeichnen können. Blankes Leugnen dieser Art hat mittlerweile sein akademisches Prestige verloren. Spätere Varianten dieser Schule ziehen es eher vor, das Schicksal der Armenier zwar nicht völlig zu verschweigen, es aber sorgfältig zu minimieren oder zu relativieren – was dem Ansatz der akademischen Orthodoxie in der Türkei entspricht. Intellektuell kann man sagen, dass all dies nun zu den diskreditierten Randerscheinungen der wissenschaftlichen Literatur gehört, aber die Behandlung des Themas bleibt selbst bei den besten Historikern, die im Westen arbeiten, schmerzhaft hinter dem Mut der türkischen Kritiker im Lande zurück. Selbst bei den wichtigsten Autoritäten der letzten Zeit sind immer noch die ausweichende Halbwahrheit oder der Euphemismus die Regel. In den zwei knappen Absätzen, die in *Osman's Dream*, Caroline Finkels massiver, fünfhundertfünfzig Seiten langer Geschichte des osmanischen Reiches aus dem Jahr 2006 dem Thema zugebilligt werden, lesen wir: »Auf beiden Seiten fanden schreckliche Massaker statt.« Was den Genozid betrifft, so sei bereits das Wort sehr unglücklich – hier gilt nicht nur, dass dieses Wort »jedes tiefere Verständnis der Geschichte des Schicksals der osmanischen Armenier verwirrt« (nicht zu reden von den »türkischen Außenbeziehungen auf der ganzen Welt«), es »verurteilt Armenien, das an die Türkei grenzt, zu dauernder Misere«.[74]

Wenn wir uns Sükrü Hanioğlus klar geschriebener *Brief History of the Late Ottoman Empire* zuwenden, erfahren wir in einem einzigen Abschnitt folgendes: »Eines des tragischsten Ereignisse des Krieges war die Deportierung des größten Teils der armenischen Bevölkerung Anatoliens«, in deren Verlauf »die feineren Details« der Regierungsentscheidung, dass die vorrückenden russischen Armeen keine »entscheidende Unterstützung« durch »armenische Rebellen« erhalten durften, unglücklicherweise in der Praxis nicht beachtet wurden, was zu nicht vorhergesehenen »zahlreichen Todesfällen« führte.[75] Andrew Mangos vielgepriesene Biografie

Atatürk (1999) presst die Lippen noch fester zusammen; hier erfahren wir: »Ostanatolien ist auch unter normalen Umständen sehr unwirtlich«, und wenn die dortigen Armenier »deportiert« wurden, dann deshalb, weil sie sich zu den Russen hingezogen fühlten und sich gegen die osmanische Herrschaft erhoben hatten. Zweifellos waren »die armenischen Räumungen« am Ende »ein brutaler Akt ethnischer Säuberung«, aber die Führer der CUP hatten die schlichte Rechtfertigung: »Es hieß für sie: ›Sie oder wir.‹«[76] Noch etwas? Eine Zeile: »Die Deportationen belasteten die osmanischen Transportlinien und beraubten Anatolien fast aller seiner Handwerker.« Auch das deutsche Eisenbahnsystem sollte später einmal stark beansprucht werden.

Selbst Erik Zürcher, der holländische Historiker, der mehr als irgendein anderer Wissenschaftler dazu beigetragen hat, dass die Verbindungen zwischen dem CUP-Untergrund und Kemal nach 1918 freigelegt wurden, gestattete sich in seinem klassischen Werk *Turkey: A Modern History* nur die vorsichtig subjektive Formulierung, es ließe sich zwar vielleicht »nur schwierig, wenn nicht unmöglich« über jeden Zweifel hinaus beweisen, »doch bin zumindest ich der Ansicht, dass es eine zentral kontrollierte Politik der Ausrottung gab, initiiert von der CUP.«[77] Das war im Jahre 1993. Ein Jahrzehnt später liest sich diese Passage in der revidierten Auflage von 2004 so: »Es lässt sich nicht länger leugnen, dass die CUP eine zentral kontrollierte Ausrottungspolitik initiierte.« Diese Änderung – mag sie auch eine unachtsame Formulierung enthalten, denn das Faktum wird sehr wohl immer noch geleugnet, von Lehrstühlen aus wie in Zeitungsartikeln – beweist die Wirkung von Akcams Arbeit, der Zürcher großzügigen bibliographischen Tribut zollt. Es ist gut, zu sehen, dass ein führender Historiker der Türkei nun das Gefühl hat, endlich eine eindeutige Formulierung gebrauchen zu können. Doch wäre es unklug, die Veränderungen zu überschätzen. Der Grund für das Amalgam aus Verschweigungen und Verrenkungen, das man bei diesem Thema so

häufig in der westlichen wissenschaftlichen Literatur findet (die ansons- **103**
ten ein hohes Niveau hat), liegt in den üblichen Befürchtungen ausländischer – oder exilierter – Forscher, dass der Verstoß gegen ein nationales
Tabu ihren Zugang zu Archiven, ihre Kontakte, ihre Freundschaften gefährden und ihnen im schlimmsten Fall sogar die Einreise ins Land ver-
wehren könnte.

Wo es um Auszeichnungen oder auch um Beraterfunktionen geht, besteht noch mehr Grund zur Vorsicht. Zürchers spätere Auflage bezeichnet
gegenüber der früheren einen Fortschritt in der Armenienfrage. Doch wo
es um die Kurden geht, macht er einen Schritt rückwärts: klare Aussagen
des Jahres 1993 (»Die Türkei wird zu einem binationalen Staat werden
müssen, mit dem Kurdischen als zweiter Sprache in den Medien, in der
Erziehung und in der Verwaltung. Der Südosten muss irgendeine Form
weitreichender Autonomie bekommen, bei der Kurden Kurden regieren
und selbst die Polizeifunktion ausüben«) sind 2004 verschwunden.[78]
Seither hat Zürcher die Verdienstmedaille des türkischen Außenministeriums erhalten und wurde Berater der EU-Kommission. Die Wissenschaft dürfte von keiner dieser beiden Ehren profitieren. Politische Ver-
mittler sind selten mutige Redner. Es wäre falsch, solche Kompromisse
westlicher Historiker, sogar eines so unabhängigen Geistes wie Zürcher,
ohne weiteres zu verurteilen. Aber der Druck auf die Türken selbst ist
viel stärker; größere Sicherheit erlaubt weniger Eskapismus.

Die einzige große Ausnahme auf diesem Gebiet bestätigt die Regel.
Donald Bloxhams *Great Game of Genocide*, 2005 erschienen, ist nicht
das Werk eines Osmanisten, sondern das eines vergleichenden Historikers genozidaler Kampagnen, ohne professionelle Verbindungen in die
Türkei. Der etwas eigenartig gewählte Titel gibt keinen rechten Hinweis
auf die Klarheit und Kraft dieses Buches, eines gedrängt knappen Meis-
terwerks zum Mord an den Armeniern, das sowohl den nationalen Kontext wie die internationalen Folgen erhellt. Die Behandlung des Genozids

104   der CUP durch geachtete Historiker im Westen ist Teil der Geschichte, die Bloxham erzählt, aber in den Mittelpunkt tritt bei ihm die Haltung der verschiedenen Staaten. Unter diesen war, wie er zeigt, die USA seit langem der wichtigste – diejenige unter den Entente-Mächten, die dem osmanischen Reich in den Jahren 1916–1918 nie den Krieg erklärte und deren Hochkommissar für die Türkei in den Jahren 1919 bis 1927, Admiral Bristol, zu weiteren ethnischen Säuberungen riet. Da es in Amerika griechische und armenische Gemeinschaften gab, die man zum Schweigen bringen musste, wurde bereits hier, in der Zwischenkriegszeit, die Kasuistik der Genozidleugnung entwickelt. In den dreißiger Jahren war es schon soweit, dass Hollywood das Projekt einer Verfilmung von Franz Werfels Roman ›Die vierzig Tage des Musa Dagh‹ (Über den armenischen Widerstand gegen die Massaker in Kilikien) abbrach, nachdem die türkische Botschaft protestiert hatte, es handle sich hier um eine Verleumdung.

Seit 1945 besitzt die Türkei natürlich eine viel größere Bedeutung für die USA – als strategischer Verbündeter zuerst im Kalten Krieg, dann im Krieg gegen den Terror. In den letzten zwanzig Jahren hat zunehmender Druck der Armenier in den USA, die heute viel selbstbewusster auftreten als in den zwanziger Jahren, sowie die Herausbildung einer armenischen Forschung, welche die modernen Studien zur Ausrottungsstrategie im Westen in den Jahren 1915–1916 begründete, die Unterdrückung der Frage schwieriger gemacht. Nach zunächst erfolglosen Versuchen, entsprechende Resolutionen dem amerikanischen Kongress vorzulegen, stimmte im Jahre 2000 der Ausschuss für Internationale Beziehungen des Repräsentantenhauses für eine von beiden Parteien getragene Resolution, in welcher der Genozid an den Armeniern verurteilt wurde – wobei man darauf achtete, der türkischen Republik keinerlei Verantwortung anzulasten. Ankaras Antwort bestand in der Drohung, Amerika die Militärstützpunkte in der Türkei zu entziehen, in der Ankündigung von Handelssanktionen und in Andeutungen, es bestünde das Risiko von Gewaltakten gegen Amerikaner in der Türkei (das amerikanische Außenministerium mahnte vorbeugend Touristen zur Vorsicht), wenn diese Resolution vom Kongress verabschiedet würde. Typischerweise intervenierte Clinton persönlich, um zu verhindern, dass sie zur Abstimmung kam. In Ankara sprach Ecevit triumphierend von einer Demonstration türkischer Macht.

Im Jahre 2007 wiederholte sich das Szenarium. Diesmal verkündete die Sprecherin des Repräsentantenhauses, Nancy Pelosi – ebenfalls eine typische demokratische Kämpferin für die Menschenrechte –, auch sie sei für eine entsprechende Resolution, die von 191 Sponsoren vorgelegt worden war. Doch sobald eine Reihe von Notablen der Partei, angeführt von Madeleine Albright, intervenierte, beugte sie sich den Beschwörungen des Außen- und Verteidigungsministeriums und würgte die Abstimmung ab. Etwa 3,2 Millionen Dollar wurden von der Türkei für eine Lobbyistenkampagne ausgegeben, die der ehemalige demokratische Mehrheitsführer im Repräsentantenhaus, Richard Gephardt, anführte – der die Resolution des Jahres 2000 unterstützt hatte, als er noch nicht auf der türkischen Salärliste stand.[79] Außerdem trafen sich wichtige jüdische Organisationen – AIPAC, die Anti-Defamation League und andere – mit Gül in Washington.[80] Weit davon entfernt, irgendeine Solidarität mit den Opfern eines anderen Genozids zum Ausdruck zu bringen, diskutierten sie, wie dieser geleugnet werden konnte. Hier spielt die Ideologie eine Rolle: die Einzigartigkeit des Holocaust als ein moralisches Patent, das nicht verletzt werden darf. Es gibt aber auch eine enge militärische und diplomatische Zusammenarbeit zwischen Israel und der Türkei (israelische Jets absolvieren Übungsflüge im türkischen Luftraum), die dazu geführt hat, dass – mit den Worten eines wohlwollenden Beobachters – Tel Aviv »eine systematische Anstrengung unternommen hat, um die amerikanischen Juden über die strategische Bedeutung der Türkei zu unterrichten.«[81] Nicht jedes Gewissen war so einfach zu besänftigen. Andere jüdische Stimmen haben sich gegen eine derartige Komplizenschaft erhoben, aber bis jetzt ohne große Wirkung.

Der Druck, den Ankara ausübt, beschränkt sich nicht auf den Kongress. Unter Evren wurde ein Institut für türkische Studien in den USA gegründet, von der Türkei finanziert, um die richtige Art von Forschungen über das Land an amerikanischen Universitäten zu ermuntern. Obwohl nicht alle Gelehrten bereit waren, Geld aus einer so offenkundig offiziellen Quelle anzunehmen, tat es doch eine ganze Reihe in gutem Glauben. Darunter war der führende Osmanist Donald Quataert, dessen Schriften voll evidenter Sympathien für seinen Gegenstand sind; er wurde der Vorsitzende des Aufsichtsrates des Instituts, eines angeblich unabhängigen Gremiums. Als er jedoch Ende 2006 eine Rezension des Werkes von Bloxham veröffentlichte, dessen Überzeugungskraft würdigte und einräumte, dass das Schicksal der Armenier »ohne weiteres die Definition des Genozids durch die UNO erfüllt«, wurde er prompt von dem türkischen Botschafter Nabi Sensoy, dem Abgesandten der AKP in Washington, zum Rücktritt gezwungen – andernfalls wäre die Finanzierung des Instituts eingestellt worden. Seine guten religiösen Verbindungen verdankt Sensoy seinem Sufi-Bruder Özal, als dessen Bürochef er gearbeitet hatte.

In Brüssel hat die Kandidatur der Türkei ein breiteres Spektrum von Themen auf die Tagesordnung gesetzt als in Washington. Hier geht es um die Lage der Türken selbst, im Prinzip um die der Kurden, indirekt um die der Zyprioten, nicht jedoch um das Schicksal der Armenier. Praktisch betrachtet war es für die Kommission das Wichtigste, die Türkei zu möglichst geringen Kosten in die EU zu bringen – das heißt, indem man der AKP-Regierung möglichst wenig Schwierigkeiten machte, die hier als Fackelträger des Fortschritts gilt und angeblich an der vollen Erfüllung

der EU-Normen nur durch das rückständige juristische und militärische
Establishment gehindert wird. Die jährlichen Berichte über die Fortschritte
des Landes auf dem Weg zur Mitgliedschaft befassen sich unweigerlich
sehr viel ausführlicher mit den wirtschaftlichen Voraussetzungen als mit
den politischen. Sie listen Fälle von Privatisierung und Fälle von Folter im
gleichen unerschütterlichen Idiom auf: »Die Entwicklung ist signifikant,
aber der Prozess ist noch nicht abgeschlossen.« – »Der türkische Gesetzes-
rahmen schließt umfassende Vorkehrungen gegen Folter und Misshand-
lung ein. Gelegentlich treten indes noch Fälle auf.« Unzulänglichkeiten
werden festgehalten, aber der Weg führt doch stetig aufwärts.[82]

Natürlich bleiben alle potentiell kontroversen Punkte aus diesen glatt-
gescheitelten Memoranden ausgeklammert. Zypern? Die Rubrik »Regionale Fragen und internationale Verpflichtungen« erwähnt nicht einmal
die türkische Weigerung, ein Mitglied jener Europäischen Union anzuerkennen, welcher die Türkei beitreten will. Kommissar Olli Rehn, ein
jungenhafter Streber aus Finnland, der sich Hoffnungen auf die Präsidentschaft seines Landes macht, hat den Zyprioten gesagt, sie sollten
»aufhören, sich über vergangene Ungerechtigkeiten zu beklagen, und
stattdessen mit einem pragmatischen Ansatz an zukünftigen Lösungen
arbeiten« – einem Ansatz nämlich, der die Besetzung durch Ankara im
höheren Interesse Brüssels hinnimmt. Schließlich kann der Fortschritts-
bericht »Türkei 2007« der Kommission mit Genugtuung neben anderen
Verdiensten folgendes erwähnen: »Die Türkei hat sich angeboten, ira-
kische Sicherheitskräfte auszubilden«, und hat »enge Parallelität mit der
gemeinsamen Außen- und Sicherheitspolitik der EU« demonstriert.[83]

Die Kurden? Wo immer möglich, unterlasse man ihre Erwähnung.
Mit den Worten einer autoritativen Studie zweier führender Juristen über
die Politik der AKP an der Macht und über die Art und Weise, wie diese Politik von der EU dargestellt wird: Die Union neigt dazu, »die Umschreibung ›Situation im Südosten‹ für die Kurdenfrage zu gebrauchen.«

Die Führer der EU waren nicht nur »in auffallendem Maße unfähig, auch nur eine einzige Erklärung« zur Kurdenfrage abzugeben oder »irgendein demokratisches Podium oder einen bedeutungsvollen Diskurs über dieses Thema zu fördern«, es gilt auch: »Das Hochglanzbild einer Gesamtentwicklung in Richtung Demokratisierung, Achtung der Menschenrechte und Pluralismus, das von der Kommission entworfen wird, ignoriert den Umstand, dass die Haltung der Türkei hinsichtlich der Minderheitenrechte und der Kurden wenig Anzeichen echter Veränderung zeigt.«[84] Durch derartige Kritik in Verlegenheit gesetzt, hat der jüngste Bericht der Kommission eine schwächliche Anstrengung unternommen, ihr zu begegnen. Kurden und Alewiten, die nur allzu gut wissen, dass der ungestörte Beitrittsprozess für die Kommission das Allerwichtigste bleibt, zeigten sich wenig beeindruckt.

Die Armenier? Ihr Schicksal ist für die türkische Mitgliedschaft in der Union irrelevant. Die »Tragödie des Jahres 1915«, wie Rehn es mit einem mittlerweile üblichen Euphemismus nennt, kann ja Teil eines »umfassenden Dialoges« zwischen Ankara und Eriwan sein, aber Brüssel muss sich heraushalten. In der Türkei meist als eine Art Honorarkonsul der AKP angesehen, fällt Rehn sogar in den Reihen der jetzigen Kommission durch seine vulgäre Selbstgefälligkeit und Tartüfferie auf. Sein 2006 erschienener programmatischer Text ›Europas nächste Grenzen‹, versehen mit Motti aus Schlagern und Aphorismen wie »Defätismus ist niemals erfolgreich« oder »Bei Visionen denke man nicht an Mondraketen«, endet mit einer koketten Beschwörung seiner Fußballkünste: »Sagen Sie's dem Torwart nicht, aber ich halte beim Strafstoß gerne ins linke untere Eck. Schließlich muss man gut zu zielen verstehen – auch bei den guten Zielen der europäischen Integration.«[85] Das zeigt seine Begabung für »demokratischen Funktionalismus«, erfahren wir. Wer wäre überrascht, aus dieser Quelle zu erfahren, dass »die Rolle der Kommission beim Beitrittsprozess die eines Freundes ist, der die Wahrheit sagt?«[86]

Die Barroso-Kommission ist natürlich weder ein unabhängiges noch 109 ein isoliertes Zentrum der Macht. In ihr zeigt sich die Perspektive der europäischen *classe politique* insgesamt. Als vor dem Parlament in Straßburg, das theoretisch nicht in demselben Maße diplomatischen Zwängen unterworfen ist, der holländische Europaabgeordnete Camiel Eurlings, Berichterstatter für die Türkei, darlegte, dass die Anerkennung des armenischen Genozids eine Voraussetzung des Beitritts zur Union sein sollte, war es typischerweise die grüne Fraktion, angeführt von Daniel Cohn-Bendit, die aktiv wurde und dafür sorgte, dass diese Passage gestrichen wurde. Was die allgemeine Regel bestätigt: Je mehr eine politische Gruppierung von Menschenrechten redet, desto weniger wird sie sie achten. Tatsächlich hat sich das politische Establishment mit einer Entschiedenheit auf den Beitritt festgelegt, dass Einwände nicht mehr geduldet werden können. Emblematisch hierfür ist die Unabhängige Türkei-Kommission, vom Leiter des Instituts für eine offene Gesellschaft in Istanbul ehrfürchtig begrüßt als »selbsternannte Gruppe europäischer Würdenträger« (unter den Mitgliedern sind ein ehemaliger Präsident, zwei ehemalige Premierminister, drei ehemalige Außenminister sowie der englische Soziologe und Blair-Berater Lord Giddens), die »ein Leuchtturm gewesen ist, der zeigt, wie Europa auf der Suche nach der Wahrheit mit Fairness und Fleiß vorgehen kann, und deshalb viel Lob in Europa und in der Türkei geerntet hat.« Die Ergebnisse dieser Kommissionsarbeit kann man sich vorstellen.

Ein umfangreicheres Handbuch ist der Band, den der Federal Trust 2005 herausgebracht hat: *The EU and Turkey: A Glittering Prize or a Millstone?* Die Antwort auf die Frage: kostbarer Gewinn oder Mühlstein um den Hals? kann man sich ebenfalls denken, doch während hier ein Werbetext auf den andern folgt, schicklich gesprenkelt mit Wenn und Aber, bricht doch gelegentlich eine offenere Sprache durch. Der Herausgeber Michael Lake, ein ehemaliger Vertreter Brüssels in Ankara, rühmt in der Einleitung die »noble, ja heroische Rolle« der türkischen Industrie- und Handelskammer bei der Ingangsetzung des historischen Reformprozesses in der Türkei. Mit dem Beitritt zur Union wird, wie er betont, Europa »einen strategischen Zugewinn erster Güte« erhalten. Am Schluss des Bandes befasst sich Norman Stone in schnellem Schritt mit der armenischen Frage. Die Motive derer, die sie stellen, sollte man sich genau ansehen: »Ist es Feindseligkeit gegenüber Israel, was sie veranlasst, Israels stärkstes Argument zu entwerten?« Um es unumwunden zu sagen: »Warum müssen wir heutzutage von solchen Dingen sprechen?«[87]

Die respektablen Kommentatoren in Europa vermeiden im allgemeinen derart krasse Formulierungen. Der solide Liberalismus formuliert es taktvoller. Mit Mark Mazowers Worten in der *Financial Times* (und es ließen sich genügend Varianten zitieren): »Was mit den Armeniern geschehen ist«, sollte »aus dem Bereich der Politik heraus und zurück in den der Geschichte« befördert werden.[88] Die Historiker streiten, die Karawane des Staates zieht weiter. Das Problem mit einem solcherart abgeklärten Ratschlag ist es, dass die türkische Republik selbst das Schicksal der Armenier immer als Staatsaffäre behandelt hat und dies auch weiter tut. Wie Bloxham schreibt: »Die Türkei hat über ihre Vergangenheit hartnäckig gelogen, hat starken Druck auf ihre Minderheiten sowie auf andere Staaten ausgeübt, um diese Lügen zu stützen, und hat die Armenier aus den Geschichtsbüchern verbannt«[89] – und hat sehr viel Steuergelder investiert, um sicherzustellen, dass deren Schicksal im Westen »aus dem Bereich der Politik heraus« fällt, wie es Mazower und andere gerne sähen.

Solche wohlmeinenden Freunde sind in ihren Formulierungen von großem Feinsinn. Joschka Fischer spielt diskret auf die »Tragödie der Armenier« an, Timothy Garton Ash spricht im *Guardian* von ihren »Leiden«, was die für Ankara akzeptabelste Umschreibung ist.[90] Es stimmt natürlich, dass »Genozid« zu den am gründlichsten entwerteten Begrif-

fen der heutigen politischen Sprache zählt. Aber wenn er auch über jede
ursprüngliche Vagheit hinaus depraviert worden ist, so ist dies die Schuld
eben jener Apologeten der NATO, die im Kosovo von einem Genozid
sprachen (bei fünftausend Toten einer Bevölkerung, die eine Million
zählt), um jetzt mit der größten Vehemenz davor zu warnen, der Begriff
dürfe nicht die guten Beziehungen zur Türkei belasten. Historisch gesehen hat sich jedoch ausgerechnet der Jurist, der dafür verantwortlich
war, diesen Begriff nach dem Krieg für die Vereinten Nationen zu definieren (Rafael Lemkin, zur Zeit der Istanbuler Prozesse 1919 ein Student
in Lemberg), zuallererst auf die Ermordung der Armenier durch die CUP
bezogen, damals auf der anderen Seite des Schwarzen Meeres.

Es ist kein Zufall, dass ein anderer, dem diese Auslöschung auffiel,
Hitler war. Er zählte einen Augenzeugen zu seinen engsten Bekannten
in München. Der ehemalige deutsche Konsul in Erzerum, Max von
Scheubner-Richter, informierte seine Vorgesetzten detailliert über die
Ausrottung. Ein rabiater Rassist, Leiter des frühen »Kampfbunds« der
Nationalsozialisten und Verbindungsmann der Partei zu führenden Unter-
nehmern, zum Adel und zur Kirche, starb er an einer Kugel, Hand in
Hand mit Hitler beim Münchner Putschversuch 1923. »Wäre die Kugel,
die Scheubner-Richter tötete, einen Fuß weiter rechts vorbeigeflogen,
hätte die Geschichte einen andern Verlauf genommen«, bemerkt Ian
Kershaw.[91] Hitler betrauerte den Getöteten als »unersetzlich«. Als er
sechzehn Jahre später Polen überfiel, stellte er an seine Befehlshaber –
mit Bezug auf die Polen, aber mit deutlichen Implikationen für die Juden – die bekannte Frage: »Wer denkt heute noch an die Armenier?«
Das Dritte Reich benötigte den türkischen Präzedenzfall nicht für seine
eigenen Genozide. Doch dass Hitler diesen Fall gut kannte und seinen
Erfolg zitierte, um die deutschen Operationen zu ermutigen, steht außer
Frage. Wer auch immer die Vergleichbarkeit beider Fälle bezweifeln mag,
die Nazis taten es nicht.

Vergleichbarkeit heißt nicht Identität. Die Ähnlichkeiten zwischen den beiden Genoziden waren auffällig, sehr viel größer als bei den meisten historischen Parallelen.[92] Aber sie waren nicht vollständig, und die Unterschiede erklären teilweise den ungeheuren Kontrast bei der jeweiligen zeitgenössischen Reaktion. Beide Ausrottungskampagnen wurden insgeheim begonnen, unter dem Deckmantel des Krieges; die Täter waren sich dessen bewusst, dass sie ein Verbrechen begingen, das sie verbergen mussten. Beide benötigten spezielle Mordorganisationen, die von einer politischen Führung gelenkt wurde, welche in einem informellen Raum zwischen Partei- und Staatsapparat operierte. Bei beiden gab es die selektive Teilnahme von Armeeoffizieren. Im Bereich der herrschenden Elite verbanden beide die ideologischen Versatzstücke des säkularen Nationalismus mit Doktrinen des Sozialdarwinismus; im populären Bereich griffen beide auf einen alten religiösen Hass zurück und nahmen Gruppen ins Visier, die schon zuvor Ziel religiös motivierter Pogrome gewesen waren. Bei beiden gab es einen Prozess der Eskalation von einzelnen lokalen Mordaktionen zur systematischen Exterminierung. Beide tarnten ihr Vorgehen mit dem Vorwand der Deportation.

Die Unterschiede betreffen im Wesentlichen nicht Umfang oder Absicht, sondern die größere instrumentelle Rationalität und das größere Ausmaß der zivilen Beteiligung im Falle der CUP. Die Juden in Deutschland machten weniger als ein Prozent der Bevölkerung aus, keinerlei erdenkliche Bedrohung für irgendein Regime. Auch gab es keinen fremden Staat, der versucht hätte, die jüdische Gemeinschaft für seine politischen oder militärischen Zwecke einzusetzen. Die Ermordung der Juden durch die Nazis hatte einen ideologischen Antrieb, keinen strategischen oder ökonomischen. Obwohl es zu umfangreichen Beschlagnahmungen jüdischen Eigentums kam, ging der Profit größtenteils an den Staat; die Masse der Bevölkerung zog keinen großen Nutzen daraus. Die Kosten des Völkermordes waren zu einem Zeitpunkt, da der Kampf im Osten

bereits verlorenzugehen drohte, eine Belastung der deutschen Kriegsan-
strengungen. Die türkische Ausrottung der Armenier wurde zwar von
ethno-religiösem Hass angetrieben, hatte aber traditionellere ökonomische und geopolitische Zwecke. Die armenische Minderheit des späten
osmanischen Reiches, die im Verhältnis mehr als zehnmal so groß war
wie die jüdische in Deutschland, besaß nicht nur Land und Kapital in
ganz anderem Umfang, sie hatte auch Landsleute jenseits der Grenze, in
einem Russland, das in den Armeniern mögliche Rekruten für die Aus-
führung seiner eigenen Expansionspläne sah. Als der Krieg kam, verbanden sich Furcht und Gier in Istanbul auf explosive Weise und setzten die
Vernichtung in Gang. Teilnehmer wie Profiteure der Säuberungen in Anatolien waren zahlreicher, und die strukturellen Folgen für die Gesellschaft
größer. Der eine Genozid war der Wahnsinn einer Herrschaftsordnung,
die verschwunden ist. Der andere war der Gründungsmoment eines Staates, der überdauert hat.

Doch obwohl dies genuine Unterschiede zwischen den beiden Kata-
strophen sind, ist der Kontrast zwischen den jeweils in die europäische
Fantasie eingegangenen Bildern dieser Katastrophe so ungeheuer, dass
er unfassbar bleibt. Der eine Genozid ist mittlerweile in monumentalem
Umfang Gegenstand offizieller und populärer Erinnerung. Der andere ist
ein Geflüster im Winkel, das kein Diplomat der EU duldet. Es gibt einige Gründe für den Unterschied. Einer der beiden Völkermorde ereignete
sich zu einer Zeit, in die das Gedächtnis der Lebenden noch zurückreicht,
in der Mitte des Kontinents – der andere vor einem Jahrhundert an dessen Rand. Die Überlebenden des einen waren in viel höherem Maße des
Schreibens mächtig und hinterließen mehr persönliche Zeugnisse. Doch
da der Völkermord an den Armeniern immerhin von den Westmächten
sofort angeprangert wurde, als er sich ereignete, was bei der Ermordung
der Juden nicht der Fall war, und da es für ihn mehr neutrale Augenzeugen gab – sogar offizielle – als für den Genozid im Zweiten Weltkrieg,

muss es noch eine andere Erklärung für den riesenhaften Kontrast im modernen Gedächtnis geben. Worin die zu suchen wäre, liegt klar zutage. Israel, ein entscheidender Verbündeter im Nahen Osten, verlangt die Erinnerung an den Judaeozid und hat sogenannte Wiedergutmachungen erhalten. Die Türkei, ein wichtiger Verbündeter im Nahen Osten, bestreitet, dass sich ein Genozid an den Armeniern je ereignet habe, und besteht darauf, dass etwas Derartiges nicht erwähnt werden darf. Die Union mit ihrem Tross von *belles âmes* kommt dem nach.

Hier handelt es sich nicht um ferne Historie, die man am besten der Gelehrsamkeit überlässt. Die unerbittliche Weigerung des türkischen Staates, die Tatsache des Massenmordes an den Armeniern auf seinem Territorium anzuerkennen, ist weder anachronistisch noch irrational, sie ist vielmehr eine aktuelle Verteidigung der eigenen Legitimität. Denn der ersten großen ethnischen Säuberung, die Anatolien homogen muslimisch werden ließ, wenn auch noch nicht homogen türkisch, folgten kleinere Reinigungen des Staatskörpers, im Namen desselben integralen Nationalismus, und die dauern bis auf den heutigen Tag fort. Griechenpogrome 1955/1964; Annexion und Vertreibung von Zyprioten 1974; Ermordung von Alewiten 1978/1993; Unterdrückung der Kurden 1925–2008. Eine aufrichtige Offenlegung des Geschehenen hat es in keinem dieser Fälle gegeben, und sie wäre auch für die ererbte Identität und Kontinuität der türkischen Republik überaus schmerzlich. Deshalb praktizieren die Führer der AKP denselben rückhaltlosen Negationismus wie ihre Vorgänger, mit denselben Drohungen und mit noch mehr Dollars. Bei allen Spannungen zwischen den beiden Traditionen waren Kemalismus und Islamismus doch niemals chemisch separat. Auch Erdoğan und Gül sind in der offiziellen Synthese beider zu Hause, in jener »türkischen Nation«, die zu beleidigen sie zu einem Vergehen gemacht haben – was in Brüssel als Reformschritt durchgeht.

Wie steht es nun also mit dem türkischen Beitritt zur Union? Die konventionellen Gründe, weshalb er innerhalb der EU forciert wird, sind zahlreich: militärisch – ein Bollwerk gegen den Terrorismus; ökonomisch – dynamische Unternehmer und billige Arbeitskräfte; politisch – ein Modell für die Nachbarn in der Region; diplomatisch – eine Brücke zwischen den Zivilisationen; ideologisch – die Herbeikunft des wahren Multikulturalismus in Europa. In der Vergangenheit hätte man gegen all diese Erwägungen die Befürchtung vorbringen können, dass eine derartige Überdehnung der Union auf so fernes Terrain ihren institutionellen Zusammenhalt untergraben und jede Chance auf einen vertieften Föderalismus preisgeben müsse. Doch das ist bereits Chimäre. Die türkische Mitgliedschaft mit einer solchen Argumentation abzulehnen, das hieße wahrlich, den Brunnen Jahre später zuzudecken, nachdem das Kind hineingefallen ist. Denn die Union ist eine riesige Freilandwiese der Produktivkräfte und keine Agora irgendeines kollektiven Willens. Die Erweiterung um ein weiteres Stück Land, wie groß oder vergleichsweise wild es auch sein mag, ändert nichts Grundsätzliches mehr.

In der Türkei selbst sind wie in Europa die hauptsächlichen Kräfte, die auf einen Beitritt zur EU hinarbeiten, die zeitgenössischen Verkörperungen der Partei der Ordnung: die Börse, die Moschee, die Kaserne und die Medien. Der Konsens, der Geschäftsleute und Offiziere, Prediger und Politiker, Stars aus Presse und Fernsehen vereint, ist nicht völlig einhellig. Hier und dort hört man mürrische Gegenstimmen. Aber das Ausmaß der Zustimmung ist erstaunlich. Was aber ist – wenn dieser Begriff noch irgendeine Relevanz hat – mit der Partei der Bewegung? Sie stellt unter so vielen blöden oder fingierten Gründen den einen wirklich guten Grund dar, die Türkei in der EU willkommen zu heißen. Für die türkische Linke – politisch marginal, aber kulturell zentral – ist die EU gleichbedeutend mit der Hoffnung auf ein Entrinnen aus dem Doppelkultus Kemals und des Korans und der doppelten Repression. Für die türkischen Armen bietet sie eine Chance auf Arbeitsplätze und elementare soziale Unterstützung, für Kurden und Alewiten die Aussicht auf gewisse Minderheitenrechte. Inwieweit diese Hoffnungen realistisch sind, ist eine andere Frage. Aber sie sind deshalb nicht von der Hand zu weisen. Und die Sache hat noch eine andere Seite. Denn an diesem Punkt, und nur an diesem, ist die Idee, dass Europa moralisch vom Beitritt der Türkei profitieren würde, nicht länger bloß multikulturelles Gewäsch. Die Textur der Europäischen Union würde in der Tat reicher durch die Ankunft so vieler starker und kritischer Geister und durch die Würde und Höflichkeit (die dem flüchtigsten Besucher auffallen muss) so vieler gewöhnlicher Menschen in diesem Land.

Es wäre besser, wenn die EU einige der Prinzipien, zu denen sie sich gerne gratuliert, tatsächlich einlösen würde und irgendwann einmal eine Türkei als neues Mitglied begrüßte, die Zypern evakuiert und Entschädigungen für die Besatzung geleistet hätte; die den Kurden Rechte gegeben hätte, die sich mit denen der Waliser oder Katalanen vergleichen ließen; und die den Völkermord an den Armeniern anerkannt hätte. Die politische Chronik macht klar, wie fern solche Aussichten liegen. Wahrscheinlich ist etwas anderes: eine Union, die sich bis zum Ararat erstreckt, in der Minister, Abgeordnete und Touristen – beziehungsweise Minister und Abgeordnete als Touristen, all die Fischers, Kouchners, Cohn-Bendits, die ihre Pensionärsjahre genießen – bequem im TGV zwischen Paris oder Berlin und Istanbul zirkulieren; an jedem Bahnhof unterwegs wehen die blauen Fahnen mit den goldenen Sternen, man fährt vom Denkmal für die ermordeten Juden am Brandenburger Tor zum Denkmal für die Mörder des armenischen Volkes auf dem Freiheitsberg. Der ehemalige Kommissar Rehn könnte im benachbarten Park ein wenig Fußball spielen, gleich neben den marmornen Monumenten für Talat und Enver, während gelangweilte junge Soldaten – weniger natürlich als früher – friedlich in Kyrenia herumsitzen und die Terroristen in Dersim weiterhin bekommen, was ihnen gebührt. Die türkischen Träume von einem bes- seren Leben in Europa muss man achten. Aber die Emanzipation kommt selten von außen.

Die Teilungen Zyperns

Die fortschreitende Erweiterung, allgemein als die bedeutendste Leistung der EU seit dem Ende des Kalten Krieges betrachtet und Anlass nahezu hemmungslosen Selbstlobs, hat einen kleinen Stachel im Fleische Brüssels hinterlassen. Die östlichste aller Neuerwerbungen der EU mag die wohlhabendste und demokratischste von allen sein, doch bleibt sie so etwas wie eine Irritation für das EU-Establishment – weder passt sie in das Heldenlied der Befreiung gefangener Nationen vom Joch des Kommunismus noch fördert sie die strategischen Ziele der Unionsdiplomatie; tatsächlich behindert sie diese.

Zypern ist in Wahrheit eine Anomalie im neuen Europa – auf die Gründe hierfür geht man in Brüssel jedoch ungern ein. Es handelt sich hier um einen Mitgliedsstaat der Europäischen Union, von dem ein großer Teil seit langer Zeit von einer fremden Armee besetzt ist. Hinter den Panzern und der Artillerie ist eine Armee von Siedlern aufmarschiert, die im Vergleich zahlreicher ist als die Siedler der Westbank, ohne dass dies beim Ministerrat oder der Kommission den leisesten Protest ausgelöst hätte. Vom Territorium Zyperns sind ferner Militärenklaven abgelöst worden (nicht verpachtet, sondern durch souveräne Enteignung verloren), die dreimal so groß sind wie Guantánamo und unter der Kontrolle eines anderen Mitglieds der EU stehen, des Vereinigten Königreichs.

Die Ursprünge dieser Situation liegen ein Jahrhundert zurück – in der Ära des hochviktorianischen Imperialismus. Im Jahre 1878 wurde die Insel durch Großbritannien vom osmanischen Reich erworben, als Ausgleichszahlung für die türkische Wiedergewinnung dreier armenischer Provinzen, die es an Russland hatte abtreten müssen und die dann dank Disraeli auf dem Berliner Kongress an die Türkei zurückfielen. Begehrt als Marinebasis der britischen Macht im Nahen Osten, war die neue Kolonie seit der Antike nach Kultur und Bevölkerung griechisch gewesen – mit einer türkischen Minderheit, die im sechzehnten Jahrhundert nach der osmanischen Eroberung ins Land gekommen war. Im neunzehnten Jahrhundert blieb die Insel jedoch, vierhundert Meilen vom griechischen Festland entfernt, lange von dem nationalen Erwachen unberührt, aus dem zuerst die griechische Unabhängigkeit hervorging und dann nach einer Reihe von Aufständen gegen die dortige osmanische Herrschaft die *Enosis*, die Vereinigung Kretas mit Griechenland, wenige Jahre nach der Berliner Transaktion. In Zypern dauerte es noch ein halbes Jahrhundert, bis populäre nationalistische Unruhen auftraten. Schließlich kochte im Jahre 1931 das Begehren nach einer ebensolchen *Enosis* mit Griechenland in einer spontanen, die ganze Insel erfassenden Erhebung gegen die britische Kolonialherrschaft über, bei der die Gouverneursresidenz in Flammen aufging; es brauchte Bombenflugzeuge, Kreuzer und Marineinfanteristen, um sie zu ersticken.[93] Von da an war die britische Antwort auf diesen Gefühlsausbruch einzigartig in den Annalen des Empire: ein Kolonialregime, das bis 16. August 1960, dem Tag, als die Flagge in Nikosia eingeholt wurde, ausschließlich per Dekret regierte.

Erst in der Nachkriegszeit bildete sich dann eine wirkliche Nationalbewegung als organisierte Kraft auf der Insel heraus, in seltsamer Ungleichzeitigkeit: verspätet auftretend, aber in einer Form, die Zukünftiges vorwegnahm. Der Panhellenismus war in vieler Hinsicht, wie es Tom Nairn vor langer Zeit benannt hat, »das originale europäische Modell erfolgreicher nationaler Mobilisierung« und brachte in den griechischen Unabhängigkeitskriegen die erste siegreiche nationale Befreiungsbewegung seit dem Wiener Kongress hervor. Trotzdem, fuhr Nairn fort, »erlegte eben diese Priorität des griechischen Nationalismus ihm eine bestimmte charakteristische Last auf«: Die panhellenistische Ideologie trug schließlich im zwanzigsten Jahrhundert zusehends »anachronistische und veraltete« Züge. Doch war sie noch mächtig genug, um die Ausdrucksform der populären Revolte auf Zypern nach dem Zweiten Weltkrieg zu werden. Als die Masse der Bevölkerung einmal politisch erwacht war, »fand sie den vollentwickelten, hypnotisch attraktiven Traum des griechischen Nationalismus fertig vor, der ihnen zuwinkte. Es war unvermeidlich, dass sie diesem Aufruf, das Erbe von Byzanz anzutreten, Folge leistete und nicht versuchte, einen eigenen Patriotismus zu entwickeln.«[94] Vereinigung und nicht Unabhängigkeit war das natürliche Ziel dieser Selbstbestimmung.

Ein derartiger Hellenismus war jedoch nicht einfach ein archaischer Import, der zu einer Gesellschaft, die sich längst über seine Ursprungsbedingungen hinausentwickelt hatte, nicht mehr gepasst hätte. Sein Reiz war auch deshalb unwiderstehlich, weil er in einer bestimmten einheimischen Verfassung einen Resonanzboden fand, die viel älter war als der romantische Nationalismus des neunzehnten Jahrhunderts. Die orthodoxe Kirche auf Zypern hatte auf keiner der anderen griechischen Inseln eine Entsprechung. Sie war seit dem fünften Jahrhundert autokephal, ihr Bischof ranggleich mit den Patriarchen von Konstantinopel, Alexandria und Antiochia; unter den Osmanen war er stets das anerkannte Oberhaupt der gesamten griechischen Gemeinschaft auf der Insel gewesen. Da die Briten keinerlei Anstalten gemacht hatten, Zypern ein Bildungssystem zu geben – bis zum Ende sorgten sie dafür, dass es keine Universität dort gab –, blieben die Schulen unter der Kontrolle der Kirche. Die klerikale Führungsrolle in der nationalen Bewegung (mit ihrem unvermeidlichen Ballast des religiösen Konservativismus in moralischen Fragen und im öffentlichen Leben) war auf diese Weise schon fast im voraus garantiert.

Nicht, dass die Hegemonie der Kirche vollständig gewesen wäre – seit den zwanziger Jahren hatte sich eine starke kommunistische Bewegung entwickelt, die in London als sehr viel gefährlicher galt. Da sie sich der überwältigenden nationalen Hoffnungen bewusst war, agitierte auch

die AKEL – wie die zypriotische KP sich nun nannte – nach Kriegsende
für eine Vereinigung mit Griechenland.[95] 1945 hatte sie auch allen Grund
hierfür, denn der kommunistische Widerstand in Griechenland war die
bei weitem führende Kraft im Kampf gegen die Besatzung der Nazis gewesen und schien in einer starken Position für die Machtübernahme im
Land, wenn die Invasoren einmal vertrieben waren. Um dieser Gefahr zu
begegnen, installierte die militärische Intervention der Briten – die einen
Umfang hatte, der den des russischen Einmarsches in Ungarn übertraf –
in Athen ein konservatives Regime, bei dem die kompromittierte griechische Monarchie nicht fehlen durfte. Das führte zu einem Bürgerkrieg,
in dem die Linke erst besiegt wurde, als England und Amerika (welche so
die Rolle Deutschlands und Italiens im spanischen Bürgerkrieg übernahmen) an der Seite der Rechten eingriffen und ihr den Sieg sicherten.

Solange das Ergebnis des Kampfes in Griechenland noch nicht feststand, konnte die AKEL ohne allzugroße Angestrengtheit weiterhin die
Enosis vertreten, zumindest nach außen hin. Tatsächlich gab sie im November 1945 – einen Monat nach der endgültigen Niederlage der Demokratischen Armee auf dem Festland – den Startschuss (wie sich zeigte) der
nationalen Befreiung auf Zypern ab, indem sie die Vereinten Nationen
aufrief, ein Referendum über »das Recht auf Selbstbestimmung, das heißt
auf die Vereinigung von Zypern mit Griechenland« zu organisieren. Dies
sollte jedoch der letzte Augenblick sein, da die Kommunisten diese Bewegung anführten. Im Januar 1950 organisierte die religiöse Herrschaft,
die Ethnarchie, um jener Initiative zuvorzukommen, ihr eigenes Plebiszit
in den Kirchen der Insel, dem sich die AKEL dann anschloss. Das Ergebnis ließ kaum einen Zweifel an der Stimmung im Volk: sechsundneunzig
Prozent der griechischen Zyprioten (das heißt achtzig Prozent der Insel-
bevölkerung) stimmten für die *Enosis*.

Die Labour-Regierung in London ignorierte naturgemäß diesen Ausdruck demokratischer Willensbildung, und ihre Funktionäre vor Ort

verwarfen ihn als »bedeutungslos«. Doch im eigentlichen Organisator dieses Referendums, Michael Mouskos, trafen sie auf einen unerwarteten Antagonisten. Fünf Monate nach dem Referendum wurde er als Erzbischof Makarios III. zum Oberhaupt der Kirche gewählt; er hatte als Sohn eines Ziegenhirten ein Priesterseminar auf Zypern, dann die Universität in Athen besucht und seine Studien in Boston fortgesetzt, als man ihn plötzlich zum Bischof von Kition (Larnaka) ernannte und zurückberief und ihn so mit politisch zentralen Aufgaben der Ethnarchie betraute, wobei er rasch seine rhetorische und taktische Begabung bewies. Das Referendum hatte den allgemeinen Willen der Bevölkerung demonstriert. Im Lauf der nächsten vier Jahre organisierte Makarios diesen Willen. Konservative Bauernvereinigungen, rechte Gewerkschaften und ein einflussreicher Jugendbund wurden in eine mächtige Massenbasis für den nationalen Kampf eingebaut, unter direkter kirchlicher Führung. Die Mobilisierung im Inneren ging mit Druck auf das Ausland einher, insbesondere auf Athen, von dem man verlangte, es solle die Frage der zypriotischen Selbstbestimmung vor die UNO bringen, aber auch abweichend von den Traditionen der Kirche mit der Einwerbung von Unterstützung in den arabischen Staaten der Region.

Nichts hiervon vermochte London irgendwie zu beeindrucken. Für Großbritannien war Zypern ein Stützpunkt im Mittelmeer, den aufzugeben es nicht die leiseste Absicht hatte. Tatsächlich stieg die strategische Bedeutung noch, als das Oberkommando für den Nahen Osten in dem Augenblick, da die britischen Garnisonen in der Suezkanalzone nicht mehr hinreichend sicher schienen, 1954 nach Zypern verlegt wurde. Ein Jahr später sagte der – mittlerweile konservative – Kolonialminister vor dem Unterhaus, dass Zypern niemals auf Selbstbestimmung zählen könne. Da London es auch ablehnte, irgendein Parlament zuzulassen, in dem dann jene vier Fünftel der Bevölkerung die Mehrheit haben würden, welche für die *Enosis* waren, kam nicht einmal eine Selbstverwaltung in

Frage. Das Außenministerium blieb bei dem Standpunkt: Was wir haben, behalten wir auch. Bedurfte es irgendeiner öffentlichen Rechtfertigung, so lieferte Eden eine, die krud genug war: »Kein Zypern, keine sichere Basis zum Schutz unserer Öllieferungen. Kein Öl – Arbeitslosigkeit und Hunger in England. So einfach ist das.«[96] Der Anspruch auf die Insel bedurfte gar nicht der üblichen politischen Sophistereien – er war nicht verhandelbar, eine simpler Fall von *force majeure*.

Konfrontiert mit dieser unverblümten Ankündigung einer unbegrenzten Kolonialherrschaft, die selbst auf jedwede konstitutionellen Feigenblätter verzichtete, sah sich die nationale Sache in Zypern unvermeidlich in den bewaffneten Kampf getrieben. Waffen aber konnten nur aus einer Quelle bezogen werden, vom griechischen Festland. In Athen war jetzt ein Regime der autoritären Rechten an der Macht, das ein System rachsüchtiger Diskriminierung und Verfolgung installiert hatte, welches noch dreißig Jahre andauern sollte. Als die Kirche sich um Unterstützung an Griechenland wandte, konnte alles, was sie dort vorfand, nur eine einzige politische Couleur tragen.[97] Nach vier Jahren, in denen er vergeblich versucht hatte, irgendwelchen internationalen Druck auf Großbritannien zu mobilisieren, traf sich Makarios 1954 heimlich mit einem pensionierten Oberst der griechischen Armee, Georgios Grivas, um eine Guerillakampagne zur Befreiung des Landes zu planen.

Selbst nach den Maßstäben der griechischen Rechten, bei der Wahl ihrer Männer und Mittel gewiss nicht zimperlich, war Grivas eine Gangsterfigur des extremen Flügels der Konterrevolution. Ein Veteran des katastrophal endenden griechischen Vorstoßes nach Anatolien beim Ende des Ersten Weltkriegs, hatte er während der deutschen Besatzung im Zweiten Weltkrieg stillgehalten und dann mit Unterstützung der abrückenden Wehrmacht Todesschwadronen gegen die Linke organisiert, ehe die Briten landeten. Obwohl es Jahrzehnte zurücklag, dass er auf der Insel gewesen war, stammte er aus Zypern und hing einem Panhellenismus sturster Form an. Informell stand er in Verbindung mit dem griechischen Generalstab. Die Regierung Papagos, soeben in die NATO aufgenommen, hielt ihn sorgfältig auf Distanz, sah aber weg, als er Waffen und Logistik für eine Landung auf Zypern organisierte, wo er Ende 1954 eintraf.

Am 1. April 1955 ließ Grivas seine ersten Bomben auf der Insel hochgehen. In den nächsten Jahren führte seine Nationale Organisation zypriotischer Kämpfer – die EOKA – einen Guerillakrieg von tödlicher Effizienz, den wirksam zu unterdrücken London nie gelang. Am Ende band Grivas achtundzwanzigtausend britische Soldaten, während er selbst kaum mehr als zweihundert Mann hatte – eine Leistung, die angesichts seiner durchaus begrenzten Begabung als Befehlshaber nur wegen der breiten Unterstützung der nationalen Sache in der Bevölkerung möglich war. Rein militärisch gesehen war die Kampagne der EOKA vielleicht die erfolgreichste aller antikolonialistischen Widerstandsbewegungen der Nachkriegszeit.

Politisch war die Wirkung eher zwiespältig. Der virulente Antikommunismus von Grivas gewährte der AKEL keinen Raum im bewaffneten Kampf, in dessen Verlauf die EOKA die kommunistischen Kader wiederholt erschoss (während die Briten die Partei verboten und ihre Führer in Lagern gefangen setzten). Die AKEL wurde im Untergrund an den Rand des antikolonialistischen Kampfes gedrängt und fand eine gewisse politische Zuflucht nur darin, Makarios ihre Unterstützung anzubieten, der das ignorierte. Die hauptsächliche Kraft der zypriotischen Linken, die unter normalen Umständen ein zentraler Bestandteil der Befreiungsbewegung gewesen wäre, blieb so effektiv von ihr ausgeschlossen. Hier stand mehr auf dem Spiel als nur das unmittelbare Schicksal des zypriotischen Kommunismus. Die AKEL war die einzige Massenorganisation des Landes, die sowohl bei den Griechen wie bei den Türken verwurzelt war und ihre Anhänger über die ethnischen Grenzen hinweg solidarisierte.

Mit ihrem Ausschluss schwand jede Chance für eine beide ethnischen Gemeinschaften umfassende Politik des Widerstands gegen die Briten. Zypern hatte eine einzigartig schlagkräftige Revolte gegen Großbritannien hervorgebracht, die Guerillas in den Bergen und Demonstranten in den Städten verband. Angeführt von einem Pistolero und einem Prälaten, hatte diese Mélange aus Klerikalismus und Militarismus eine gewisse Ähnlichkeit mit dem irischen Nationalismus – dem einzigen anderen Fall, wo das Empire ein europäisches (und nicht ein afrikanisches oder asiatisches) Volk in einem Abhängigkeitsverhältnis gehalten hatte. Der Abkunft nach war der Hellenismus älter als der irische Fenianismus, und sein Ziel war ein anderes: Vereinigung, nicht Trennung. Aber dies war nun eine andere Epoche, und die Koalition in Zypern war eine modernere. Makarios, der unbestrittene politische Führer des Kampfes um die Selbstbestimmung, gehört in die Ära der Bandung-Konferenz, wo er auf Nehru, U Thant, Ho-Tschi-Minh traf, und nicht in jene von De Valera oder dem Konkordat. Seine Bewegung kehrte das Verhältnis von Kämpfern und Priestern in Irland um: In Zypern war die Kirche das weniger regressive Element der antibritischen Koalition – eine Profilierung, die im Lauf der Zeit noch schärfer werden sollte. Die EOKA konnte andererseits bei all ihrer rücksichtslosen Effizienz als Untergrundorganisation oberirdisch nicht mit der AKEL konkurrieren. Die Existenz einer linken Massenpartei, die nicht auszuheben war, unterschied Zypern ebenfalls von der historischen Erfahrung Irlands.

Um die Insel zu disziplinieren, entsandte London keinen geringeren als den Chef des Imperialen Generalstabs, Feldmarschall Sir John Harding. Knapp einen Monat nach seiner Ankunft 1955 teilte er dem Kabinett in brutaler Aufrichtigkeit mit, dass im Falle des Ausschlusses der Selbstbestimmung »ein Regime militärischer Verwaltung eingerichtet und das Land auf unbestimmte Zeit als Polizeistaat regiert werden muss«.[98] Er hielt Wort. Das Standardrepertoire repressiver Maßnahmen wurde eingesetzt. Makarios wurde deportiert, Demonstrationen wurden verboten, Schulen geschlossen, Gewerkschaften aufgelöst. Die Kommunisten wurden eingesperrt, EOKA-Verdächtige aufgehängt. Ausgangsverbote, Razzien, Prügel, Hinrichtungen bildeten die Kulisse, als Zypern ein Jahr später das Flugzeugträgerdeck für die Suezexpedition abgab. Während die eine Form des nationalen Widerstandes in Kellern und Gebirgshöhlen gejagt wurde, griff man die andere rund um die Uhr von Luftwaffenstützpunkten aus an, die nur ein paar Kilometer entfernt lagen – die britischen und französischen Flugzeuge starteten und landeten mit einer Frequenz von einer Maschine pro Minute und warfen über Ägypten Bomben und Fallschirmjäger ab.[99] Dass der Versuch, den Suezkanal wieder in Besitz zu nehmen, scheiterte, hatte keine unmittelbaren Auswirkungen auf Londons Entschlossenheit, an Zypern festzuhalten. Doch mit dem Abtritt Edens nahm die britische Politik deutliche Konturen an.

Von Anfang an hatte die Kolonialherrschaft die türkische Minderheit als eine Art sanftes Gegengewicht zur griechischen Mehrheit verwendet, ohne ihr besondere Vorteile einzuräumen oder ihr allzuviel Aufmerksamkeit zu schenken. Als aber die Forderungen nach *Enosis* nicht mehr länger ignoriert werden konnten, begann London sich stärker auf die Möglichkeiten zu konzentrieren, die es vielleicht geben mochte, von dieser Minorität Gebrauch zu machen. Sie war nicht umfangreich, weniger als ein Fünftel der Bevölkerung, aber sie war auch nicht unbeträchtlich. Ärmer und von geringerem Bildungsgrad als die griechische Mehrheit, war sie auch politisch weniger aktiv. Doch vierzig Meilen entfernt lag die Türkei selbst, nicht nur viel größer als Griechenland, sondern auch auf untadelige Weise konservativ – hier gab es nicht einmal eine besiegte Linke im Gefängnis oder im Exil. Das Referendum des Jahres 1950 über die *Enosis* – der Anfang der zypriotischen Unruhen – hatte kaum begonnen, da riet der britische Botschafter in Ankara der Labourregierung in Lon-

don: »Die türkische Karte ist nicht unproblematisch, aber in der jetzigen
schwierigen Lage doch sehr nützlich.«[100] Man spielte sie dann auch, mit
immer weniger Skrupeln und Einschränkungen, bis zum Schluss immer
wieder aus.

Anfangs reagierte Ankara nur langsam auf die britischen Einladungen, sich doch als Machtfaktor bei der Lenkung von Zyperns Zukunft
bemerkbar zu machen. »Selbst als Großbritannien die Türken immer
wieder suggestiv auf Zypern ansprach, führte dies nicht zu den unmittelbaren Reaktionen, die man erhofft hatte: ›Seltsam schwankend‹ und
›eigenartig unbestimmt‹ waren typische Bemerkungen, welche die Ver-
blüffung Londons in diesem Punkt ausdrückten«, schreibt der führende
Kenner des Gegenstands, Robert Holland. »Es bleibt … ein bemerkens-
wertes Faktum, dass die Briten die Türken erst einmal umständlich in
Erregung versetzen mussten, und nicht umgekehrt.«[101] Als die angemessene Erregtheit sich schließlich einstellte, schrak England auch nicht vor
den Formen zurück, die sie annahm. Einen Monat nach dem Auftreten
der EOKA in Zypern bemerkte Eden bereits in einer Aktennotiz, dass jedes Vorhaben, die lokalen Unruhen zu ersticken, zuerst von der Türkei
zu billigen wäre, die (wie es dann das Kolonialministerium formulierte)
»einmal mit der Peitsche knallen dürfen« müsste.[102]

Als die Türkei dann ausholte, sauste die Peitsche mit stählernen
Widerhaken nieder. »Ein paar Unruhen in Ankara kämen uns schon zu-
pass«, hatte ein Beamter im britischen Außenministerium notiert.[103] Im
September 1955, während man auf der Dreimächtekonferenz in London
über Zypern diskutierte, deponierte die türkische Geheimpolizei eine
Bombe in Kemal Atatürks Geburtshaus in Saloniki. Auf das Signal dieser »griechischen Provokation« hin schwärmte in Istanbul der Mob aus,
plünderte griechische Geschäfte, steckte orthodoxe Kirchen in Brand und
griff griechischstämmige Einwohner an. Obwohl niemand in London be-
zweifelte, dass dieser Pogrom von der türkischen Regierung entfesselt

worden war, unterließ Macmillan – der die Londoner Verhandlungen leitete – pointiert jede Verurteilung der Übergriffe.

Innere Entwicklungen auf Zypern unterstützten diese äußere Hebelwirkung. Grivas, stets bereit, Kommunisten umzubringen, hatte der EOKA strikte Befehle gegeben, keine Türken anzugreifen, da er sich den türkischen Bevölkerungsteil nicht unnötig zum Feind machen wollte; stattdessen sollte man sich auf griechische Kollaborateure mit den Engländern konzentrieren, vor allem auf solche im Polizeiapparat. Unter dem Druck der EOKA nahm deren Zahl rasch ab. Um sie zu ersetzen, rekrutierte Harding nun aber Türken – schließlich vor allem solche aus dem Lumpenproletariat, die dann bei Gelegenheit zu brutalen Attacken losgelassen wurden. Am Ende hing – wie Holland bemerkt – der gesamte Sicherheitsapparat praktisch von türkischen Hilfskräften ab. Das Ergebnis war es, dass zwischen den beiden Volksgruppen der Insel eine Kluft entstand, die es zuvor nie gegeben hatte. Sie wurde noch breiter, als Ankara, das mittlerweile ganz dabei war, die Inselminorität durch Fernsteuerung zu lenken, als Antwort auf die EOKA seine eigene bewaffnete Organisation auf Zypern gründete, die TNT, welche bald Linke auf der eigenen Seite umzubringen begann, was die Briten ignorierten.

Nach Suez machte sich Großbritannien langsam daran, seine erwählte Trumpfkarte in einem ehrgeizigeren Spiel einzusetzen. Man begann, Andeutungen zu machen, dass irgendeine Form der Teilung Zyperns die Lösung sein könnte. Menderes, der türkische Premierminister (dem man bereits versprochen hatte, dass die Türkei Truppen auf der Insel stationieren könne, falls London tatsächlich je gezwungen wäre, dieser die Selbstbestimmung zu gewähren), griff den Hinweis eifrig auf und sagte zu Alan Lennox-Boyd, dem Kolonialminister, im Dezember 1956: »Wir haben so etwas schon einmal gemacht – Sie werden sehen, dass das gar nicht so schlimm ist«[104]: Worte, die jeden Griechen erschauern lassen mussten, der sich an die Jahre 1922–23 erinnerte. Harding mochte den

Plan nicht, der ihm hinterhältig erschien, und selbst im Außenministe- **129** rium artikulierte man schließlich die Befürchtung, das könne »unglück- liche Vergleiche mit dem Sudetenland« provozieren. Auch die amerika- nischen Kollegen waren durchaus nicht begeistert, als man Washington den Plan andeutungsweise mitteilte; man sprach von der »zwangsweisen Vivisektion« der Insel. War es Londons Absicht, Zypern unter Kontrol- le zu behalten, indem man die Insel in zwei Teile zerfallen ließ, die dann beide unter britischer Oberhoheit stehen würden, so befürchtete man in Washington, dies könne in Griechenland derartigen Zorn auslösen, dass der Sturz eines loyalen Regimes und die Machtübernahme der noch im Lande lauernden subversiven Kräfte mögliche Folgen wären. In England zählten solche Erwägungen nicht viel. Unser Mann in Ankara, der dazu drängte, »den gordischen Knoten zu zerschneiden und jetzt zu einer Ent- scheidung für die Teilung zu kommen«, hatte größeres Gewicht.[105]

Schließlich war es die Türkei, welche die ersten praktischen Schritte tat. Im Juni 1958 löste ihr Geheimdienst als Wiederholung der bewährten Aktion in Saloniki eine Explosion im türkischen Informationsbüro in Nikosia aus. Wieder diente eine fabrizierte Provokation – verletzt wurde niemand – als Signal für gelenkte Brutalitäten des Mobs gegen Griechen. Sicherheitskräfte standen dabei, als Häuser angezündet und Menschen getötet wurden – der erste Fall größerer interethnischer Gewalt seit Erklä- rung des Ausnahmezustands. Das ganz offensichtlich vorgeplante Ergeb- nis war die Vertreibung der Griechen aus türkischen Vierteln in Nikosia und anderen Städten und die Besetzung städtischer Einrichtungen, um autonome türkische Enklaven zu schaffen – eine scheibchenweise Teilung von unten.[106] Die Organisatoren konnten sich der wohlwollenden Zu- rückhaltung der Briten sicher sein. Einen Tag vor den Unruhen – Harding war nun nicht mehr zuständig – hatte der neue Gouverneur, Labours späterer Lord Caradon, den Führern der Inseltürken versichert, ihre Gemeinschaft würde »einen besonders begünstigten und besonders geschützten Status« unter zukünftigen britischen Vorkehrungen genießen. Einige Monate später nannte der Kolonialminister Zypern öffentlich »eine türkische Insel«.[107]

Als klar wurde, woher der Wind wehte, und als zu befürchten stand, Griechenland könne unter britischem Druck einknicken, suchte Makarios – immer noch im Exil – im September 1958 eine Unterredung mit dem griechischen Premier Konstantin Karamanlis in Athen. Die Durchführung des anglotürkischen Planes für Zypern konnte, wie er erklärte, sehr einfach dadurch verhindert werden, dass Griechenland für diesen Fall mit seinem Austritt aus der NATO drohte. Karamanlis, dessen historische *raison d'être* der Wachdienst im Kalten Krieg war (Costa Gavras' Film *Z* gibt ein gutes Bild der Atmosphäre unter seinem Regime), lehnte es glatt ab, dies auch nur in Betracht zu ziehen.[108] Der Hellenismus war wesentlich für die Öffentlichkeit bestimmt, um die Stimmung im Lande ruhigzustellen; für das Regime zählte der Antikommunismus. Wenn beides in Konflikt geriet, dann würde man die *Enosis* bedenkenlos über Bord werfen. Makarios zog den notwendigen Schluss. Drei Tage später erklärte er öffentlich ohne Rücksprache mit dem Regime in Athen, das völlig überrascht wurde, die Unabhängigkeit Zyperns.

Für die Briten war dies immer das schlimmste denkbare Szenarium gewesen. Den Gegner Grivas konnte man als einen aufrichtigen Rechten respektieren, der vielleicht sogar eines Tages – meinte Julian Avery – einen guten Diktator Griechenlands abgeben mochte. Makarios aber, Ursprung aller Schwierigkeiten, war in London Anathema. Ihm die Insel zu überlassen wäre die absolute Niederlage. Für die Amerikaner, die sich immer noch Sorgen machten über die möglichen Auswirkungen einer allzu ungenierten Teilung Zyperns auf die politische Szene in Griechenland, wo dies für die Bevölkerung ein Reizthema ersten Ranges war, galt die Unabhängigkeit seit einiger Zeit doch als ein möglicher Weg aus einem potentiell gefährlichen Konflikt zwischen Verbündeten. Aber sie würde in scharf kontrollierter Form eingerichtet werden müssen. Als die UNO drei Monate später eine Debatte über Zypern ansetzte, stellten die USA sicher, dass eine von Griechenland eingebrachte Resolution, welche die Selbstbestimmung der Insel forderte, wieder einmal scheiterte (diesmal dank einer Gegenresolution, die auf Drängen der USA von der iranischen Diktatur kam) und dass stattdessen direkte Verhandlungen zwischen der Türkei und Griechenland geführt würden, damit es zu einer Übereinkunft zwischen beiden kam. Karamanlis und Menderes erreichten eine solche rasch in einem Hotelzimmer in Zürich, im Februar 1959.

Das Ergebnis war ganz und gar vorhersagbar. Die Türkei war nicht nur die größere Militärmacht und unterhielt engste Beziehungen zur Kolonialnation. Es gab einen noch grundsätzlicheren Unterschied. Was man auch über den türkischen Staat sagen mochte (gewiss kein kleines Thema), er war die vollkommen unabhängige Schöpfung des Kemalismus, einer Nationalbewegung, die keiner ausländischen Macht etwas schuldig war. Der griechische Nachkriegsstaat dagegen begann als britisches Protektorat und wurde darauf zu einer amerikanischen Klientennation, kulturell und politisch unfähig, gegen den Willen seiner beiden Erzeuger anzugehen. Die griechischen Zyprioten sollten oft die Politiker Griechenlands des Verrats bezichtigen, aber die Rückgratlosigkeit so vieler Minister und Diplomaten des Landes war schlicht strukturell: Es gab keinen inneren Kern der Autonomie, den man hätte verraten können. Menderes fiel es nicht schwer, einem griechischen Verhandlungspartner Bedingungen zu oktroyieren, der sich bald auf sein Zimmer zurückzog, als die Einzelheiten festgelegt wurden.

Um die *Enosis* zu vermeiden, würde man Zypern eine kastrierte Unabhängigkeit geben – mit einer Verfassung, welche Truppen aus Athen und Ankara auf der Insel stationieren würde, mit einem fremden Vorsitzenden des Obersten Gerichts, einem türkischen Vizepräsidenten mit einem Vetorecht bei allen Gesetzesvorhaben, separaten Stimmblöcken für

Griechen und Türken im Repräsentantenhaus und in den Kommunalverwaltungen, dreißig Prozent Türken in der Beamtenschaft und vierzig Prozent in den Streitkräften, dazu mit der Voraussetzung, dass alle Steuern von Türken wie von Griechen gebilligt werden mussten.[109] Dieses Paket wurde durch einen geheimen Anhang vervollständigt, der in Form eines Gentlemen's Agreement (das den Einfluss der auf dem Korridor auf und ab gehenden amerikanischen Supervisoren zeigte) die zukünftige zypriotische Republik verpflichtete, in die NATO einzutreten und die AKEL zu verbieten. Schließlich und am wichtigsten: ein Garantieabkommen zwischen Großbritannien, der Türkei und Griechenland würde es einer jeden dieser drei Mächte gestatten, auf der Insel zu intervenieren, wann immer sie der Ansicht war, es sei zu einem Bruch der Übereinkunft gekommen – tatsächlich eine Variante des Platt Amendment, das es den USA ab 1901 erlaubte, jederzeit in Kuba einzugreifen, wenn es ihnen nötig schien.

Es blieb den Briten, die in Zürich nicht eingeladen waren, nur noch, ihren Preis dafür zu nennen, dass sie als bisherige Besitzer eine für sie so vorteilhafte Transaktion besiegelten. Was London brauchte, waren souveräne militärische Enklaven auf Zypern, kleine »Gibraltars«, wie es Macmillan formulierte. Im Fußvolk bediente man sich keiner derartigen Euphemismen. »Wir sollten unseren Mund weit aufmachen«, schrieb ein wichtiger britischer Beamter in Nikosia.[110] Die verschlungene Fläche war vierzigmal so groß wie Gibraltar, und als die endgültigen Verträge den neuen Staat geschaffen hatten und dessen Verfassung unterzeichnet wurde, da waren in dieser mehr Seiten den britischen Basen auf Zypern gewidmet als allen anderen Artikeln zusammen, ein juristisches Unikum.

Makarios, der vor einem Diktat stand, von dem ihm Karamanlis sagte, dass es nicht verhandelbar sei, musste sich fügen und trat 1960 sein Amt als Präsident der neuen Republik an. Die Unabhängigkeit war gewährt worden, aber wie Holland schreibt: »In Zypern war nicht die ›Freiheit‹ erlangt worden, wie die meisten Menschen das Wort verstehen; eine Selbstbestimmung, wie tendenziös man sie auch definieren wollte, fand nicht statt.«[111] Weit davon entfernt, die Plagen Zyperns unter der Kolonialherrschaft zu beenden, garantierte der Vertrag noch größeres Elend für die Zukunft. Die Verfassung von Zürich – weniger darauf angelegt, praktischen Notwendigkeiten zu dienen, als darauf, diplomatischen Imperativen zu genügen – erwies sich rasch als nicht praktikabel. Die getrennten Kommunalverwaltungen warfen Abgrenzungsfragen voller Konfliktstoff auf, die selbst die Briten nicht hatten anrühren wollen. Mangelnde Fortschritte bei der Festlegung dieser Grenzen führten zu einem türkischen Veto gegen den Haushalt, so dass eine generelle Lähmung drohte. Man konnte sich nicht auf die Struktur einer gemeinsamen Armee einigen, was den irregulären Verbänden beider Seiten das Feld überließ.

Als das Jahr 1963 sich dem Ende zuneigte, waren die beiden Urheber des Züricher Abkommens von der Bildfläche verschwunden. Menderes war zwei Jahre zuvor gehängt worden, weil er den Pogrom 1955 angeordnet hatte. Im Sommer des Jahres stürzte Karamanlis, nachdem es in der Öffentlichkeit einen Aufschrei über die Ermordung des linken Abgeordneten Gregoris Lambrakis durch seine Polizei gegeben hatte. Makarios, der unter Druck die Übereinkunft der beiden akzeptiert hatte, versuchte nun, diese zu revidieren; er schickte im späten November eine Reihe von Vorschlägen an den türkischen Vizepräsidenten Kutchuk, die darauf hinzielten, aus Zypern eine normalere Demokratie zu machen, mit vereinheitlichter Verwaltung und Mehrheitsregierung. Drei Wochen später brachen in angespannter Lage Kämpfe zwischen Griechen und Türken in Nikosia aus. Diesmal waren sie von keiner der beiden Seiten geplant, doch am Ende erlitten die Türken mehr Verluste als die Griechen, ehe ein Waffenstillstand durchgesetzt wurde. Alle türkischen Repräsentanten im ganzen Staat legten ihre Ämter nieder, und die türkischen Einwohner schlossen sich zunehmend in einheitlichen Enklaven mit starken Vertei-

digungslinien zusammen. Britische Truppen kontrollierten den Waffenstillstand in Nikosia, aber die Zusammenstöße dauerten bis Februar an,
wobei die größere Zahl der Angriffe von griechischer Seite ausging. Im
März traf eine UNO-Truppe ein, die beide Gemeinschaften vor weiterer
Gewalt schützen sollte.

Makarios hat keine Memoiren hinterlassen, und es ist unwahrscheinlich, dass die Archive viel Licht auf seine Ideen in dieser Phase oder in
späteren Abschnitten seiner Karriere werfen werden. Klar ist, dass ihm
nach dem Züricher Diktat zwei Wege offenstanden. Er konnte ihm entweder dadurch entkommen, dass er weiterhin das Ziel verfolgte, für das
er und die überwältigende Majorität seiner Landsleute gekämpft hatten:
die Vereinigung mit Griechenland. Oder er konnte einen tatsächlich unabhängigen Staat auf Zypern errichten, der weder den Garantiemächten
verpflichtet war noch durch die von jenen ererbten Hindernisse gelähmt
blieb. Als er Präsident geworden war, hielt er sich beide Optionen offen.
Zypern trat nicht der NATO bei, wie es das Zusatzabkommen vorgeschrieben hatte, und die AKEL wurde auch nicht verboten – Maßnahmen, die automatisch erfolgt wären, hätte Zypern sich mit Griechenland
vereinigt, die er aber nach seiner Amtsübernahme blockieren konnte. Als
Staatsoberhaupt war das Ziel seiner ersten Reise Nassers Ägypten. Dann
nahm er an der Konferenz der blockfreien Nationen teil, die Tito aus-
gerichtet hatte, und besuchte Nehru in Indien. Mit solchen Auftritten
übernahm er die Rolle eines Führers der Dritten Welt, und so schien er
das genaue Gegenteil dessen zu vertreten, wofür die einbalsamierte Kalte-
Kriegs-Politik der griechischen Restauration stand.

Gleichzeitig ernannte er aber ein Kabinett, in dem alte Kämpfer der
EOKA den Ton angaben, und machte seinen Wählern klar (er hatte bei
den Inselgriechen eine Zweidrittelmehrheit erzielt), dass Zypern nach
wie vor Anspruch auf Selbstbestimmung hatte – was die der Insel so unverhohlen vorenthaltene freie Wahl einer Vereinigung mit dem Mutter-

land einschloss. Die *Enosis* mochte aufgeschoben sein, entsagt hatte man
ihr nicht. Makarios war ein charismatischer Führer von großer Würde
und Subtilität und von oft faszinierender Beredsamkeit. Aber er konnte
die Gefühle jener, von denen er seine Autorität herleitete, nicht ignorie-
ren. Und die wussten, dass man sie um ihre Wünsche betrogen hatte, und
sahen keinen Grund, diese auf ausländische Anordnung hin aufzugeben.
Indem Makarios versuchte, die Pseudo-Verfassung zu revidieren, handelte er so, wie sie es von ihm erwarteten. Doch indem er das tat, ver-
schätzte er sich in den türkischen Reaktionen auf eine für die griechische
Gemeinschaft typische Weise. Den Griechen, die nur zu gut wussten, dass
es Großbritannien war, das die türkischen Ängste manipuliert und die Intervention Ankaras überhaupt erst herbeigelockt hatte, fiel es schwer zu
begreifen, dass trotz der Künstlichkeit dieser Ursprünge das ganz reale
Ergebnis jetzt eine störrische türkische Gemeinschaft war, die glaubte,
Anrecht auf einen unverhältnismäßig hohen Anteil an der Macht auf der
Insel zu haben, und doch ständig nervös war wie am Rande des Belage-
rungszustands.

Es wäre klug gewesen, wenn Makarios besondere Anstrengungen unternommen hätte, um die öffentliche Meinung auf türkischer Seite nach
der Unabhängigkeit für sich zu gewinnen, durch generöse wirtschaftliche und kulturelle Maßnahmen.[112] Ob selbst dies viel geholfen hätte,
muss allerdings bezweifelt werden. Die blanke Tatsache war, dass man in
Zürich die Position der Türken im zypriotischen Staat weit über das hinaus aufgebläht hatte, was eine Minderheit dieser Größe eigentlich hätte
beanspruchen können. Ganz gleich, welche Trostpreise Makarios auch
angeboten hätte, diese luxuriöse Position hätte bei irgendwelchen Ver-
fassungsänderungen auf jeden Fall zurückgestutzt werden müssen, und
solange die Türken auf Zypern Ankara hinter sich wussten, gab es keinerlei Chance, dass sie derartige Änderungsverluste akzeptieren würden.
Die Spannung wegen der Revisionsvorschläge wurde außerdem durch

zwei weitere Umstände aufgeladen, für die Makarios eine gewisse Mitverantwortung trug.

Solange die *Enosis* ein Ziel war, an dem der griechische Bevölkerungsteil hing und dem Makarios selbst halb oder noch stärker verpflichtet blieb, gab es keinen großen Anreiz für die Türken, in der Unabhängigkeit Zyperns die Grundlage für eine wirkliche Loyalität zu einem gemeinsamen Staat zu suchen und in ihr nicht nur einen Schutzschild gegen eine noch schlimmere Situation zu sehen. Die Unmöglichkeit, Einigung über eine kleine Armee zu erzielen, wie sie ursprünglich in Zürich geplant gewesen war (die Türken bestanden jetzt darauf, dass sie ethnisch separat aufgebaut werden sollte, die Griechen bestanden auf der Integration), lieferte gleichzeitig Makarios der Willkür von bewaffneten Milizen aus, die er nicht kontrollieren konnte. Grivas hatte unter den Bedingungen der Vereinbarung von 1960 nach Griechenland zurückkehren müssen. Doch der EOKA, welche die Briten vertrieben hatte, waren Regierungsämter kaum vorzuenthalten, und Grivas' Adjutanten befehligten nun Ministerien, von denen aus sie irreguläre Truppen, geformt nach ihrem Bilde, decken oder lenken konnten. Grivas selbst, der seine Gegner im Unabhängigkeitskampf nicht unnötig vermehren wollte, hatte Angriffe auf Türken verboten. Doch seit die Briten sich bei den Repressionsmaßnahmen mehr und mehr auf türkische Hilfskräfte verlassen hatten (was dem irischen Modell entsprach), wurden diese unvermeidlicherweise zu Angriffszielen. Nachdem die Briten abgezogen waren, galt die alte Zurückhaltung nicht mehr für die EOKA. Ihr Hindernis waren nun die irregulären Truppen der anderen Seite, die von Ankara gelenkten Milizen. Aus diesem Konfliktstoff ergaben sich die Zusammenstöße des Dezember 1963, bei denen die griechische Aggression größer war, was Makarios aber nicht verhindern konnte und zu bestrafen versäumte.

Oberflächlich betrachtet hätte man denken können, dass Makarios aus dem Zusammenbruch der Züricher Übereinkünfte gestärkt hervor-

gegangen sei. Die UNO-Truppen hatten einen prekären Frieden gebracht.
Die türkische Drohung mit einer Invasion wurde durch eine brüske An-
weisung von Präsident Johnson weggewischt. Amerikanische Pläne für
eine »doppelte *Enosis*«, bei der die Insel aufgeteilt und die Teile dann
Griechenland und der Türkei zugesprochen worden wären, führten zu
nichts.[113] Ende 1965 rief die UNO-Vollversammlung alle Staaten förmlich dazu auf, »die Souveränität, Einheit, Unabhängigkeit und territoriale Integrität Zyperns zu respektieren« – der Höhepunkt von Makarios'
Anstrengungen, die internationale Position Zyperns zu sichern und die
Republik vor dem Eingreifen fremder Mächte zu bewahren. Da es ihnen
doch peinlich war, ihre Absichten durch eine Gegenstimme offen darzulegen, ließen Großbritannien und Amerika ihr Missvergnügen durch
Enthaltung deutlich werden, unterstützt von ihren zahlreichen Klienten-
staaten. Hätte man diese Resolution – die formal gesehen bis auf den
heutigen Tag gilt – für bare Münze nehmen können, wäre sie ein diplo-
matischer Triumph für Makarios gewesen.

Andere Entwicklungen waren weniger verheißungsvoll. Als die Zusammenstöße der Volksgruppen Anfang 1964 nachließen, konzentrierten
die Briten die türkische Bevölkerung noch stärker in befestigten Enklaven,
indem sie die Reintegration von Flüchtlingen in Dörfer mit gemischter
Bevölkerung hintertrieben. Die Amerikaner, die die Briten ablösten, misch-
ten sich im Sinne ihrer imperialistischen Interessen in Zypern geschäftig
ein. Sie hatten sich von den Briten auf der Insel eine Reihe Aufklärungs-
installationen zur Überwachung des Nahen Ostens gesichert – Radarsta-
tionen und dergleichen –, die im Garantieabkommen unerwähnt blieben.
Seit den frühen sechziger Jahren war in London wieder eine Labour-
regierung an der Macht, und die britischen Basen und Abhörposten standen dem großen Alliierten praktisch uneingeschränkt zur Verfügung, wie
auch heute noch. Die strategische Bedeutung Zyperns war weniger die
eines unversenkbaren Flugzeugträgers, wie die berühmte Formulierung

einmal lautete, sondern die einer Allzweck-U-2, gestartet, nachdem mit Washingtons Aufstellung von Jupiterraketen in der Türkei und Moskaus darauf folgender Installation von R-12-Raketen auf Kuba die bekannte Krise eingetreten war.

In dieser Situation war es entscheidend, dass man einen verlässlichen Statthalter in Zypern hatte. Als Makarios 1962 Washington besuchte, sagte Kennedy ihm, er solle doch eine eigene rechte Partei bilden, um die alarmierende Popularität der AKEL zu stoppen, und solle seine unnötig korrekten Beziehungen zur Sowjetunion beenden. Als der Erzbischof höflich ablehnte und sagte, er wolle seine Herde nicht spalten, war er gezeichnet. Tatsächlich hatte er politisch kaum eine Wahl. Zu Hause brauchte er die stillschweigende Unterstützung der Kommunisten als Gegengewicht zum radikalen Eifer des Panhellenismus; international brauchte er die diplomatische Unterstützung des sowjetischen Blocks in der UNO, um erneuten angloamerikanischen Versuchen, mit türkischem Einverständnis eine Teilung der Insel durchzudrücken, ein Veto entgegensetzen zu können. 1964 blockierte Präsident Johnson eine türkische Invasion, aber Makarios machte sich keine Illusionen, dass dies aus Liebe zu Zypern geschehen wäre: Den USA, die keine Feindseligkeiten zwischen zwei NATO-Partnern wollten, ging es immer noch um die politischen Auswirkungen einer solchen Landung in Griechenland. Was Makarios selbst betraf, war er in amerikanischen Augen kaum etwas besseres als ein »Castro im Talar«. George Ball, entsandt, um als Prokonsul Washingtons nach dem Rechten zu sehen, sollte schließlich bemerken: »Diesen Bastard muss man umbringen, bevor auf Zypern etwas passiert.«[114]

Im Sommer 1964 machte das amerikanische Außenministerium Athen unmissverständlich klar, dass es im Fall Makarios eine Lösung finden musste. Der Premierminister Griechenlands war jetzt Georgios Papandreou (Patriarch jener anderen Dynastie neben den Karamanlis, die Griechenland bis heute plagt), der 1944 britische Truppen gegen seine Landsleute gehetzt hatte. Er stimmte hastig zu, man müsse Zypern unter die Kontrolle der NATO bringen, wenn es sich nicht »in ein zweites Kuba verwandeln« solle, und schickte als den Mann, der am besten geeignet wäre, Makarios zu ersetzen, Grivas nach Zypern zurück, mit dem Placet Washingtons und Londons.[115] Der übernahm die Nationalgarde, die im Frühjahr geschaffen worden war, und stockte sie mit vom Festland geholten Kräften auf, um dann offen zu verkünden: »Es gibt nur eine Armee auf Zypern – die griechische Armee.«[116] Er war durchaus bereit, eine doppelte *Enosis* zu akzeptieren, solange die an die Türkei fallende Portion klein genug war; sein unmittelbares Ziel war es, Makarios' Autorität zu untergraben, indem er eine ihm persönlich getreue Truppe aufbaute, die in der Lage war, jenen größeren Landesteil zu beherrschen, der in einem solchen Fall an Griechenland käme.

Im April 1967 wurde die schwache Regierung, die auf Papandreou folgte, von einer Militärjunta gestürzt, die eine Diktatur der Rechten in Griechenland errichtete. Die AKEL traf angesichts der drohenden Zukunft Vorkehrungen, in den Untergrund zu gehen. Grivas, der sich natürlich ermutigt sah, griff frontal zwei türkische Dörfer in strategischer Lage an. Angesichts dessen mobilisierte die Türkei Truppen für eine Invasion Zyperns, wo mittlerweile zehntausend griechische Soldaten stationiert waren. Als ein Krieg zwischen den beiden NATO-Verbündeten unvermeidlich schien, überredeten die USA die Junta noch einmal, klein beizugeben und dem Rückzug aller griechischen Truppen von der Insel zuzustimmen. Als sie einmal fort waren und Grivas mit ihnen, sank die Spannung zwischen den Volksgruppen, und Makarios gewann wieder an Autorität. Mit einer Erdrutschmehrheit zum Präsidenten wiedergewählt, hob er die Straßensperren um die türkischen Enklaven auf und begann Gespräche, die auf eine innenpolitische Regelung zielten. Ein bescheidener Wirtschaftsaufschwung setzte ein.

In dieser neuen Situation löste sich die Ambiguität zwangsläufig auf,
die Makarios' politische Identität lange bestimmt hatte. Die Frage: Vertreter der Einheit oder Symbol der Unabhängigkeit? war nun beantwor-
tet, weil eine Vereinigung Zyperns mit Griechenland unter der Junta undenkbar war. Die *Enosis* wurde stillschweigend fallengelassen, und die
zypriotischen Verbindungen zu Ländern der Dritten und Zweiten Welt
wurden enger. Aber Makarios' Popularität zu Hause und sein internationales Prestige waren kein Ausgleich für die zunehmend schwierige Lage,
in der er sich befand. Wäre es möglich gewesen, beim Ende der Kolonialherrschaft sogleich der *Enosis* abzuschwören und beiden Bevölkerungs-
teilen der Insel eine genuine Unabhängigkeit als bedingungsloses Ziel
vorzuschlagen, dann hätte dies vielleicht einen gewissen Eindruck auf
die Inseltürken gemacht. Mittlerweile hatte sich die Abneigung verhär-
tet: Die Türken waren in defensive Enklaven eingeigelt und wurden
von Ankara schärfer kontrolliert denn je. Wenn aber ein solcher Unab-
hängigkeitsgedanke für die türkische Seite zu spät kam, so kam er zu
früh für eine immer noch mächtige Minderheit bei den Griechen, die
Makarios vorwarf, er verrate die *Enosis*, und nun mächtige Unterstützer
in Athen hatte. Für die Obristen war Makarios nicht nur ein Verräter
am Hellenismus, sondern ein kommunistischer Strohmann. Die Türkei
hatte ihn immer mit kalter Feindseligkeit betrachtet. Aber als die Junta
einmal an der Macht war, wurde Griechenland für ihn zur tödlicheren
Bedrohung.[117]

       Im März 1970 wurde der Hubschrauber des Präsidenten, der Maka-
rios zum Gottesdienst in einem Gebirgskloster bringen sollte, nach dem
Start in der erzbischöflichen Residenz plötzlich vom Dach des nahege-
legenen Panzypriotischen Gymnasiums aus (wo er zur Schule gegangen
war) mit automatischen Waffen unter Feuer genommen. Die Maschine
wurde von Kugeln zersiebt; Makarios wurde nicht getroffen, dafür der
Pilot, der die Maschine aber wie durch ein Wunder trotzdem ohne Bruch-

landung auf den Boden brachte.[118] Dem Scheitern des ersten Anschlags auf sein Leben folgten breiter angelegte Aktionen gegen ihn. Im nächsten Jahr kehrte Grivas heimlich nach Zypern zurück. Bald riefen alle drei Metropoliten Makarios auf, zurückzutreten. 1973 hatte die EOKA-B – Grivas' neue Organisation – schon lange damit begonnen, auf der ganzen Insel Bombenattentate durchzuführen, Polizeistationen anzugreifen und den Einsatz von Scharfschützen vorzubereiten, die Makarios ins Visier nehmen sollten. Im Herbst gab es einen zweiten Anschlag auf sein Leben; man verminte auf seiner Fahrtroute die Straße. Der Hellenismus, von der Geschichte einer natürlicheren Lösung beraubt, begann mit seiner Selbstzerstörung.

Dies war Grivas' letzte Kampagne. Im Januar 1974 starb er im Untergrund. Die Kontrolle der Aktionen gegen Makarios ging jetzt direkt auf die Junta in Athen über, die nun unter einer noch gewalttätigeren Führung stand. Der Paroxysmus setzte rasch ein. Anfang Juli richtete Makarios einen offenen Brief an den nominellen Präsidenten der Junta, in dem er die sukzessiven Komplotte gegen ihn aufzählte. Er klagte das Regime in Athen als eine Diktatur an, die auf Zypern den Bürgerkrieg schürte, und forderte den Rückzug der festlandsgriechischen Offiziere aus der Nationalgarde, weil sie eine Bedrohung der gewählten Regierung darstellten. Zwei Wochen später griffen Panzer der Nationalgarde den Präsidentenpalast an, wo Makarios soeben – die Szene hätte nicht deutlicher den Abgrund zwischen den verschiedenen Kräften spiegeln können – griechische Schulkinder aus Kairo empfing. Der Beschuss begann, als eben ein kleines Mädchen eine Ansprache an ihn aufsagte. Die Wache hielt den Angriff lange genug auf, dass Makarios durch einen Abflusskanal auf der Rückseite des Gebäudes entkommen konnte, ehe es in Flammen aufging. Als er ein UNO-Kontingent in Paphos erreicht hatte, flog man ihn zum britischen Stützpunkt in Akrotiri und brachte ihn dann aus dem Land nach Malta.

Der Widerstand gegen den Coup wurde innerhalb weniger Tage erstickt. Der Putsch stand so ganz und gar unter der Kontrolle Athens, dass man nicht einmal daran gedacht hatte, einen lokalen Kollaborateur als Marionette auszusuchen; man prüfte vergeblich verschiedene Kandidaten, um schließlich auf Nikos Sampson zurückzugreifen, einen auftrumpfenden Revolverhelden der EOKA-B mit einem Ruf rücksichtsloser Brutalität, der sich noch aus der Kolonialperiode herschrieb. Sein hastig zusammengeschustertes Regime konzentrierte sich darauf, die übriggebliebenen Linken und Makariossympathisanten in der griechischen Bevölkerung zu verhaften, und ließ die Türken – die Grund genug hatten, es zu fürchten – strikt in Ruhe. Doch war der Coup zweifellos ein Bruch des Garantieabkommens, und keine zwei Tage später stand der türkische Premier Ecevit in Downing Street vor der Türe, flankiert von Ministern und Generälen, um zu fordern, dass Großbritannien gemeinsam mit der Türkei sofortige Maßnahmen träfe, um dem Putsch entgegenzutreten.

Das nun folgende Treffen besiegelte das Schicksal der Insel. Es war ein Gespräch unter Sozialdemokraten: Wilson, Callaghan und Ecevit, allesamt Mitglieder der Sozialistischen Internationale. Obwohl Großbritannien nicht nur eine Kerntruppe gutausgerüsteter Soldaten auf der Insel hatte, sondern dort auch überwältigend starke Luftstreitkräfte besaß, Jagdbomber, mit denen weitaus stärkere Kräfte als Sampson und seine Aufpasser von der Junta hätten vernichtet werden können, weigerten sich Wilson und Callaghan, auch nur einen Finger zu rühren. Am nächsten Tag bereitete die Türkei ein Landungsunternehmen vor. Großbritannien hatte Kriegsschiffe vor der Küste liegen und hätte ein einseitiges türkisches Invasionsunternehmen mit ebensolcher Leichtigkeit verhindern können. Wieder tat London nichts.

Das Resultat war jene Katastrophe, die Zypern bis heute prägt. Die türkischen Streitkräfte, die den Luftraum völlig kontrollierten, eroberten einen Brückenkopf bei Kyrenia und setzten weiter landeinwärts Fallschirmjäger ab. Innerhalb von drei Tagen war die Junta in Griechenland zusammengebrochen und Sampson war zurückgetreten. Es gab einen Waffenstillstand von einigen Wochen, während dessen die Türkei klarmachte, dass der Vertrag, dessen Verletzung ihr den förmlichen Anlass für die Invasion gegeben hatte, sie nicht mehr interessierte und dass sie jetzt die sofortige Teilung wollte. Dann starteten ihre Generäle einen Totalangriff – Panzer, Jets, Artillerie und Kriegsschiffe – auf die nunmehr wiedereingesetzte legale zypriotische Regierung. In weniger als zweiundsiebzig Stunden besetzte die Türkei zwei Fünftel der Insel, darunter die fruchtbarste Region, und rückte vor bis zu einer bereits festgelegten sogenannten Attilalinie, die von der Morphoubucht bis Famagusta verlief. Mit der Besetzung kam die ethnische Säuberung. Etwa hundertachtzigtausend Zyprioten – ein Drittel der griechischen Bevölkerung – wurden von Haus und Hof vertrieben und über die Attilalinie nach Süden gejagt. Etwa viertausend verloren ihr Leben, weitere zwölftausend wurden verwundet. (Dies entspräche in Großbritannien dreihunderttausend Toten und einer Million Verwundeter.) Verhältnismäßig ebensoviele Türken starben bei Vergeltungsmaßnahmen. Am Ende wanderten etwa fünfzigtausend von ihnen nach Norden, teils aus Angst, hauptsächlich aber unter dem Druck des dort installierten türkischen Regimes, das demographische Verstärkung brauchte und eine völlige Trennung der beiden Gemeinschaften wollte. Nikosia wurde zu dem mediterranen Berlin, zerschnitten durch Stacheldraht und Barrikaden, das es bis heute geblieben ist.

Die Brutalität des türkischen Einfalls in Zypern war krass genug, aber kaum überraschend. Bei früheren Gelegenheiten hatte Ankara ebenso wie bei dieser wiederholt die eigenen Absichten angekündigt. Die politische Verantwortung für das Desaster lag bei denen, die es zugelassen oder ermunternd herbeigewinkt hatten. Man sieht die Hauptlast dieser Verantwortung oft bei den USA. Dort war im Sommer 1974 Nixon durch die Watergate-Affäre so gelähmt – er wurde zwischen dem ersten und dem zweiten türkischen Angriff zum Rücktritt gezwungen –, dass die amerikanische Außenpolitik ausschließlich von Kissinger gelenkt wurde. Es ist viel Tinte über die Frage vergossen worden, ob die CIA bei der Vorbereitung des Coups der Junta in Nikosia beteiligt war und ob in diesem Falle das Außenministerium davon wusste. Was außer Zweifel steht, ist Kissingers Urteil über Makarios, der 1971 Moskau einen längeren Staatsbesuch abgestattet sowie tschechische Waffen für den Einsatz gegen die EOKA-B importiert hatte und unter dem Zypern eines von nur vier nichtkommunistischen Ländern war, die mit Nordvietnam Handel trieben. Er wollte Makarios aus dem Weg haben, und als Sampson in Nikosia eingesetzt worden war, blockierte Kissinger jegliche Verurteilung des Putsches im Sicherheitsrat. Nachdem Ankara London sein Ultimatum gestellt hatte, billigte er intern die türkische Invasion und sprach ihren Vormarsch direkt mit Ankara ab.

Obwohl Amerikas Rolle bei der Zerstückelung Zyperns also klar ist, ist es doch Großbritannien, das bei weitem die Hauptschuld trägt. Wilson und Callaghan sollten später typischerweise versuchen, alles auf Kissinger abzuwälzen und zu argumentieren, Großbritannien hätte ohne die USA gar nichts tun können. Damals wie heute war es sicherlich der instinktive Reflex einer Labourregierung, vor Washington zu kriechen – hätte Heath als Premierminister überlebt, wäre eine solche Ausrede wohl nicht vorgebracht worden. Tatsache ist es, dass Großbritannien sowohl die Mittel wie die Pflicht gehabt hätte, den türkischen Angriff auf Zypern zu stoppen. Nachdem es zuerst dafür gesorgt hatte, dass sich die Türkei der griechischen Mehrheit gegenüber feindselig zu verhalten begann, hatte es der Insel ein Garantieabkommen oktroyiert, das sie der wirklichen Unabhängigkeit beraubte – aus Gründen des eigenen nationalen Egoismus: um sich große militärische Enklaven unter souveräner Oberhoheit zu sichern. Als es dann aufgerufen war, sich an dieses Garantieabkommen zu halten, verschränkte es die Arme und ließ dem modernen

Attila freien Durchzug – mit der Behauptung, da könne es – eine Nuklear- **145**
macht – gar nichts tun.

Zwei Jahre später kam ein Ausschuss des Unterhauses zu dem Ergebnis: »Großbritannien hatte ein legales Recht zur Intervention, eine moralische Pflicht zur Intervention, die militärische Kapazität zur Intervention.
Es hat nicht interveniert – aus Gründen, die darzulegen sich die Regierung
weigert.«[119] Diese Weigerung ist seither selbst von ihren Kritikern immer
allzu bequemerweise den Amerikanern angelastet worden. In einem un-
mittelbar subjektiven Sinne ist die Spur, die in die USA führt, deutlich
genug. Callaghan hat in nostalgischer Stimmung selbst gesagt, Kissinger
habe »einen Charme und eine Wärme gehabt, denen ich nicht widerstehen konnte.«[120] Aber viel längere, objektivere Kontinuitäten hatten hier
größere Bedeutung. Die Labourpartei, welche die Katastrophe Zyperns
in Gang setzte, indem sie ihm nach 1945 die Entkolonialisierung verwei-
gerte, hatte jetzt ihr Werk vollendet, indem sie das Land der Zerteilung
auslieferte. London war 1915 durchaus bereit gewesen, Zypern an Griechenland abzugeben, wenn dieses auf alliierter Seite in den Krieg eingetreten wäre. Wäre dies geschehen, hätte sich vielleicht alles spätere Leid
abwenden lassen. Es reicht hin, das Schicksal von Rhodos zum Vergleich
heranzuziehen, das noch näher an der Türkei liegt und eine vergleichbare
türkische Minorität besitzt – und doch 1945 friedlich an Griechenland
ging, weil es eine italienische und keine britische Kolonie gewesen war.
In der modernen Geschichte des Empire ragt die ganz besondere Bösartig-
keit der britischen Politik auf Zypern heraus.

Was Griechenland angeht, so gaben seine Regierenden vom Hotelzimmer in Zürich bis zum Trümmerfeld von Nikosia ein beklagenswertes
Bild ab. Und das sollte sich mit dem Sturz der Junta nicht ändern. Die
Generäle, welche deren Herrschaft beendeten, wandten sich – wie voraus-
zusehen war – an Karamanlis, damit er jene alte Ordnung wiederherstell-
te, an der sie gemeinsam hingen. Und als er die Macht wieder übernahm,

war es seine erste Amtshandlung, Zypern abermals im Stich zu lassen und ihm jede Unterstützung gegen den Blitzkrieg der türkischen Armee zu verweigern. Wie 1959 wäre auch 1974 die einzige effektive Waffe die Drohung gewesen, die amerikanischen Stützpunkte zu schließen und aus der NATO auszutreten, wenn die USA nicht ein gewisses Telephongespräch mit Ankara führten, wozu sie ja – wie Johnson damals bewiesen hatte – durchaus in der Lage waren, und zwar mit sofortiger Wirkung. Natürlich tat Karamanlis, der sich mehr um seine Protektoren sorgte als um das zypriotische Volk, nichts dergleichen. Und der zweite Papandreou, der ihm dann in den achtziger Jahren folgte, wusste sich außer geräuschvoller Rhetorik auch nichts besseres.

In dem, was nun der griechische Überrest Zyperns war, gab Sampson die Macht an Glafkos Klerides ab, den Präsidenten des Repräsentantenhauses, der in der politischen Hierarchie direkt hinter Makarios kam – eine Figur der Rechten, die versuchte, die Macht in Händen zu behalten, indem sie die von Kissinger und Karamanlis gewünschte Richtung getreulich einschlug. Er manövrierte, um die Rückkehr Makarios' nach Zypern zu verhindern, und er gab das Prinzip einer einheitlichen Republik auf zugunsten des Versuches, mit seinem härteren türkischen Gegenspieler Rauf Denktash zusammen eine quasi rein geographische Föderation ins Leben zu rufen. Doch die größten Anstrengungen Washingtons und Athens konnten Klerides nicht im Amt halten angesichts der leidenschaftlichen Loyalität der gewöhnlichen griechischen Zyprioten zu Makarios, dem bei seiner Rückkehr Ende des Jahres vom Volk ein überwältigender Empfang bereitet wurde. Als man Wahlen abhielt, wurde Klerides – dessen Partei alte Kämpfer der EOKA-B einschloss – von einer Allianz der Linken und der Makariosloyalisten geschlagen.

Obwohl nun seine Präsidentschaft intakt wie eh und je war, war sein Spielraum für politische Initiativen begrenzt. Müde und niedergeschlagen akzeptierte Makarios, der unter unnachgiebigem äußerem Druck stand,

1977 die Idee einer bikommunalen föderativen Republik, immerhin mit   **147**
einer starken Zentralregierung auf der Basis der Wählermehrheit – in der
Hoffnung, die Regierung Carter könne auf die Türkei einwirken, dass
sie einige ihrer Zugewinne wieder abgab. Nach einigen Monaten starb
er. Carter war weit davon entfernt, der Türkei irgendwelche Zugeständ-
nisse abringen zu wollen, und arbeitete im Gegenteil eifrig daran, das
Embargo des amerikanischen Kongresses gegen Waffenlieferungen an
die Türkei aufheben zu lassen, das man nach der Invasion wegen der
öffentlichen Empörung in den USA (die in England keine Entsprechung
fand) verhängt hatte. Stolz auf seinen Erfolg in dieser Sache sollte Carter
die Aufhebung später als eine der wichtigsten außenpolitischen Leistungen seiner im Dienst der Menschenrechte stehenden Präsidentschaft an-
führen.

So lagen die Dinge beim Hinscheiden des einzigen europäischen Politikers unter den Führern der Bandung-Konferenz, eines letzten anoma-
len Überlebenden des Zeitalters von Sukarno und Zhou Enlai. Was hat
sich dreißig Jahre später geändert? Zypern bleibt zweigeteilt, es ist immer noch entlang der Attilalinie durchtrennt. In diesem Sinn hat sich gar
nichts geändert. In anderer Hinsicht vieles. Auf dem Territorium, das
ihnen verblieben ist – achtundfünfzig Prozent der Insel –, haben die griechischen Zyprioten mit der Courage und der Energie, die aus einem Desaster hervorgehen können, eine florierende, fortgeschrittene Wirtschaft
aufgebaut. Was in den sechziger Jahren eine noch ganz überwiegend land-
wirtschaftliche Ökonomie war, ist nun umgewandelt worden zu einer,
in der moderne Dienstleistungen über siebzig Prozent des Bruttosozialprodukts ausmachen, ein Anteil, der so hoch ist wie nur irgendwo in Europa. Das Pro-Kopf-Einkommen in diesem Zypern – der Republik, deren
internationale Anerkennung bei den Vereinten Nationen durch Makarios
durchgesetzt wurde – entspricht dem Griechenlands und liegt um einiges

über dem Portugals, ohne dass Zypern von EU-Subsidien profitiert hätte. Die langfristige Arbeitslosigkeit ist geringer als irgendwo in Europa mit der Ausnahme Schwedens. Der Anteil der Studierenden ist höher als in Deutschland, die Korruption geringer als in Spanien oder Italien. Der Anteil von gewerkschaftlich organisierten Arbeitern liegt höher als in Finnland oder Dänemark, die soziale Ungleichheit ist geringer als in Irland.[121] Regierungen wechseln einander ab, die Parteien sind im Parlament nach einem fairen Schlüssel repräsentiert, die Wahlen sind sauber. Nach OECD-Maßstäben wohlhabend, egalitär und demokratisch, blickt diese Republik auf eine bemerkenswerte Erfolgsgeschichte zurück.

Siebenunddreißig Prozent der Insel stehen nach wie vor unter der Besatzung der türkischen Armee.[122] Hier hat Ankara im Jahre 1983 die Türkische Republik Nordzypern eingerichtet, die angeblich ein unabhängiger Staat ist. Tatsächlich ist dieses Regime ein reiner Ableger des Festlands. Lokale Parteien und Politiker stehen durchaus im Wettbewerb um die Wahlämter, und ihre Interessen sind nicht unbedingt mit denen identisch, die zur gleichen Zeit auf dem Festland vorherrschen. Doch bleibt eine derartige Autonomie eng begrenzt, da der lokale Staat, der die größte Zahl der Arbeitsplätze anzubieten hat, ganz und gar auf Subsidien aus Ankara angewiesen ist, um seine Kosten zu decken, und die Polizei der direkten Kontrolle der türkischen Armee untersteht. Die wirtschaftliche Entwicklung kam vor allem durch Bauvorhaben in Gang, durch Hochschulen, die billige und inhaltsleere akademische Abschlüsse anbieten, und durch den Tourismus, der im wesentlichen Festlandstürken anzieht. Das Durchschnittseinkommen ist um mehr als die Hälfte geringer als auf der griechischen Seite der Insel. Armut und Kriminalität sind weit verbreitet.

Nicht alles hiervon hat einheimische Gründe. Nachdem sie sich zwei Fünftel der Insel angeeignet hatte, die nach der Invasion und den folgenden Bevölkerungsverschiebungen nur noch von einem Fünftel der Bevölkerung bewohnt waren, stand der Türkei eine große Zahl Häuser und

Bauernhöfe zur Verfügung, deren Besitzer vertrieben worden waren. Um sie nicht leerstehen zu lassen, brachte sie Bewohner vom Festland hierher. Wie groß der Anteil dieser Zuwanderer an der jetzigen Bevölkerung ist, ist strittig, teilweise deswegen, weil ihnen später auch Zeitarbeiter (die hier oft nur saisonal tätig sind) und Studenten vom Festland gefolgt sind. Offizielle türkische Zahlen geben an, dass nicht mehr als 25,3 Prozent einer Gesamtbevölkerung von etwa zweihundertsechzigtausend Personen vom Festland kommen; griechische Schätzungen beziffern den Anteil – nachdem 1974 nur etwa hundertzwanzigtausend Türken auf der Insel wohnten – mit etwa 50 Prozent, unter Berücksichtigung der Tatsache, dass es eine nicht unbeträchtliche Auswanderung gegeben hat. Nur eine genaue statistische Prüfung aufgrund von Geburtsurkunden könnte Gewissheit schaffen. Was jedoch nicht in Zweifel steht, ist die Stationierung von etwa fünfunddreißigtausend Soldaten der türkischen Armee in der seit 1974 besetzten Zone, ein vergleichsweise viel höheres Verhältnis von Truppenstärke zu Fläche, als Israel je eingesetzt hat, um seine Siedler in der Westbank zu schützen.

Während die militärische Teilung der Insel seit dreißig Jahren konstant geblieben ist, hat sich die diplomatische Situation völlig verändert. 1990 stellte Zypern einen Antrag auf Aufnahme in die EU. Obwohl dieser Antrag drei Jahre später im Prinzip akzeptiert wurde, wurde in der Praxis nichts weiter unternommen. In Brüssel galt die Osterweiterung als der Hauptgewinn, auf den sich alle Energien konzentrierten. Zypern war bestenfalls eine Ablenkung, schlimmstenfalls eine unangenehme Schwierigkeit. Denn die Türkei, die bereits 1987 ihren Antrag gestellt hatte und deren Bewerbung stockte, musste über die Aussicht, Zypern könne früher als sie selbst die Mitgliedschaft erhalten, sehr verärgert sein. Für den Ministerrat und die Kommission der EU war Zypern gleichermaßen der am wenigsten erwünschte Beitrittskandidat. Gute Beziehungen zur Türkei waren von viel größerer Bedeutung.

Dies war der Stand der Dinge, bis Griechenland – das nun endlich begann, seinen Stammesverwandten eher zu helfen als sie zu behindern –
Ende 1994 die Zollunion, welche Brüssel der Türkei anzubieten bereit
war (zur Besänftigung, während ihr Beitrittsantrag stockte), durch seinen
Einspruch blockierte. Mittlerweile war der zweite Papandreou wieder im
Amt, doch in einem fortgeschrittenen Stadium persönlichen und politischen Verfalls. In dem allzu kurzen Intervall zwischen seinem Exitus
und einem öden Rückfall in die dynastische Tradition der griechischen
Regierungen – in deren Folge auch heute wieder die ununterscheidbar
konformistischen Sprösslinge der beiden herrschenden Familien einander
abwechseln – gab es eine kurze Zeitlang Spielraum für eine unabhängige
Politik in den Gremien der europäischen Organisationen. Der Außenminister dieser Zeit, Theodoros Pangalos, in Brüssel sehr unbeliebt wegen seiner Verweigerung serviler Katzbuckelei, stellte klar, dass das griechische Veto erst aufgehoben würde, wenn Zypern ein festes Datum für
den Beginn der Beitrittsverhandlungen bekäme. Im März 1995 sorgte
Frankreich bei einem EU-Gipfel in Cannes zögernd für die entsprechende
Übereinkunft: Zypern wurde der Anfang des Beitrittsprozesses ab 1998
zugesichert, die Türkei bekam ihre Zollunion.[123]

Unter all den Trompetenstößen der Expansion nach Osteuropa, welche die alles prägende Haupterzählung der Epoche darstellt, wurden
diese Ereignisse nicht besonders beachtet. Aber die sich hier potentiell
ergebenden Schwierigkeiten entgingen in *einer* europäischen Hauptstadt nicht der Aufmerksamkeit. Kaum legte Großbritanniens Botschafter bei den Vereinten Nationen Ende 1995 sein Amt nieder, wurde er
auch schon vom Außenministerium gebeten, der Sonderbeauftragte des
Vereinigten Königreichs für Zypern zu werden. Sir David (mittlerweile:
Lord) Hannay, der seine Laufbahn im Iran und in Afghanistan begonnen hatte, war Großbritanniens führender europäischer Diplomat, mit
einer etwa dreißigjährigen Erfahrung in den Angelegenheiten Europas.

Er wurde von Jeremy Greenstock zur Übernahme des neuen Amtes auf-
gefordert, der bald seinerseits berühmt werden sollte für die Dienste, die
er Blair als UN-Botschafter und dann als Sonderbeauftragter im Irak leistete. Die Ernennung Hannays unterstrich die Bedeutung dieser Mission.
»Die Erweiterung der Europäischen Union«, schreibt Hannay in seinem
Erinnerungsband *Cyprus: The Search for a Solution* (2005), wo er seinen
Auftrag erläutert, »war ein Hauptanliegen der britischen Außenpolitik
und durfte in keiner Weise durch irgendwelche im Zusammenhang mit
Zypern auftauchenden Probleme aufgehalten oder in Frage gestellt werden«, nicht zuletzt deshalb, weil Großbritannien ja »das europäische
Land war, das den europäischen Aspirationen der Türkei am wohlwol-
lendsten gegenüberstand.«[124]

Noch wohlwollender waren die USA. Vom Anfang der neunziger Jahre an begann die EU, nervös über die Schulter zu schauen und erblickte
dabei immer die beschwörenden Gebärden Washingtons, das keinen
Zweifel daran ließ: Wenn einmal Osteuropa unter Dach und Fach war,
dann hatte die Türkei strategische Priorität. Als der endgültige Termin
für die Aufnahme von Verhandlungen über den Beitritt Zyperns näher-
rückte, wurde die Regierung Clinton in einer Weise hektisch aktiv bei
der Ausübung von Druck auf verschiedene europäische Nationen, dass
selbst Hannay dies »ungeschickt« fand. Von derartigen Fragen der Um-
gangsformen abgesehen waren sich Großbritannien und die USA jedoch
einig, dass es keinen Beitritt Zyperns zur EU geben durfte, ohne dass
vorher ein für die Türkei befriedigendes Abkommen über die Insel zustande gekommen war, um alle möglichen Komplikationen bei Ankaras
eigenem Beitritt rechtzeitig auszuräumen. Das einfachste Vorgehen wäre es gewesen, den Beitritt Zyperns zu blockieren, bis die Türkei zu-
frieden war, doch das wurde durch eine griechische Drohung verhindert, den gesamten osteuropäischen Beitrittsprozess mit einem Veto zu
stoppen, wenn Zypern nicht in den nächsten Kandidatenschub mitein-

geschlossen blieb. Dies ließ nur noch eine Möglichkeit übrig: Zypern selbst musste bearbeitet werden. Im Sommer 1999 brachten Großbritannien und die USA die G8 zu einer Resolution, bei der die Republik Zypern betont unerwähnt blieb und die UNO stattdessen aufgerufen wurde, die Leitung bei Gesprächen zwischen den Griechen und Türken der Insel zu übernehmen, in denen ein Abkommen angestrebt werden sollte.

Dieses Vorhaben wurde dann vom Sicherheitsrat abgesegnet, der Kofi Annan formell die Aufsicht über diesen Prozess übertrug. Natürlich war Annan – der seine Ernennung Washington verdankte – »sich der Notwendigkeit bewusst« (wie Hannay es formulierte), »dass die UNO bei den bevorstehenden Verhandlungen so eng wie möglich mit den USA und Großbritannien kooperieren musste.«[125] Praktisch bedeutete dies ganz einfach seine vertraute Rolle als Puppe angloamerikanischer Bauchredner. Bei seiner Niederschrift dieser Erinnerungen machte sich Hannay nicht die Mühe, zu erklären, mit welchem Recht sich Großbritannien und die USA eine Position als Schiedsrichter über das Schicksal Zyperns anmaßten; das verstand sich schlicht von selbst. Ein Sonderbeauftragter der UNO in Gestalt eines farblosen peruanischen Funktionärs wurde als offizieller Vorsitzender ausgesucht, doch waren es Hannay und Tom Weston, »Spezialkoordinator« des amerikanischen Außenministeriums in der Sache Zypern, welche den Ton angaben. So eng arbeitete das Trio zusammen, dass Hannay sich schmeichelte, es hätte zwischen die jeweiligen Positionen kein Blättchen Zigarettenpapier gepasst. Die Führung übernahm unausweichlich Hannay selbst, der bei weitem Dienstälteste, Selbstbewussteste und Erfahrenste der drei. Die verschiedenen Annan-Pläne zur Zukunft Zyperns, die im Lauf der nächsten vier Jahre auftauchten, waren im wesentlichen sein Werk, wobei die Einzelheiten von einem fast unbekannten Schreiber aus den hinteren Winkeln der schweizerischen Diplomatie, Didier Pfirter, ergänzt wurden.

Der erste dieser Pläne wurde pünktlich ein paar Tage vor dem EU- **153**
Gipfel in Kopenhagen im Dezember 2002 vorgelegt, auf dem der Ministerrat sich über das Ergebnis der Verhandlungen mit Zypern beraten
sollte. Die fromme Fiktion der Autorschaft des Generalsekretärs wurde
aufrechterhalten, aber er hatte wenig Grund, New York zu verlassen. Der
eigentliche Verfasser – nachdem Annan »den zu erringenden Gewinn mit
Worten beschrieben hatte, die fast genau den meinen in dem Türkei-
Interview mit CNN entsprachen«[126] – war ja anwesend und konferierte
mit Blair, während sich die verschiedenen Staatsoberhäupter in der däni-
schen Hauptstadt versammelten. Die angloamerikanische Kampagne, die
türkische Mitgliedschaft abzusichern, hatte mit dem Wahlsieg der AKP
im November eine neue Dringlichkeit erlangt, da nun die seit einiger Zeit
erste Regierung in Ankara an die Macht gekommen war, bei der sich
Washington und London ganz und gar wohl fühlten und deren Führer,
Tayyip Erdoğan und Abdullah Gül, in Kopenhagen anreisten, um ihre
Sache dringlich zu vertreten. Der UNO-Plan (Annan I) wurde in letzter
Minute noch nachkorrigiert, um die Türken mehr zufriedenzustellen, und
sodann als Annan II dem zypriotischen Präsidenten Klerides vorgelegt.
Es war in den Augen seiner Schöpfer entscheidend, dass griechische wie
türkische Zyprioten dem Plan zustimmten, ehe der Rat irgendeine Ent-
scheidung zum Beitritt Zyperns zur EU traf. Klerides deutete mit einem
Nicken und Augenzwinkern an, dass er zur Unterzeichnung bereit war.
Doch lehnte es zu Hannays ärgerlichem Erstaunen Denktash – der die
Delegation der türkischen Zyprioten von ferne lenkte – mit einem Mal
glatt ab, irgendetwas mit dem Abkommen zu tun zu haben. Während
der folgenden Konfusion mussten die Führer der EU das beste aus einer
verfahrenen Situation machen. Zypern wurde der Beitritt für das Frühjahr 2004 zugesichert, und der Türkei versprach man – vorausgesetzt, sie
erfüllte die Menschenrechtsnormen der EU – Verhandlungen über ihre
Beitrittskandidatur vom Winter 2004 an.

Die AKP rief diese Zusicherung als historischen Erfolg der Türkei aus, nicht ohne eine gewisse Berechtigung. Die Zusage eines festen Datums für den Beginn der Beitrittsverhandlungen erreicht zu haben – weitgehend dem massiven Druck der Regierung Bush zu verdanken – stärkte ihre Position zu Hause. Aber sie war erst neu an der Macht und hatte es versäumt, Denktash rechtzeitig zu disziplinieren – so dass es jetzt unmöglich wurde, den zypriotischen Beitritt zur EU so lange aufzuhalten, bis ein für die Türkei befriedigendes Abkommen über den Status der Insel im voraus unterzeichnet und besiegelt sein würde. Schlimmer noch: War Zypern einmal in der EU, würde es selbst ein Vetorecht hinsichtlich des türkischen Beitritts haben.

Doch die Türkei bemühte sich in Dänemark um die Akzeptanz einer Kandidatur, die lange Zeit immer wieder abgewiesen worden war. Vom Problem der politischen Erfahrung abgesehen hatte Erdoğan auch keine sehr starke Position in Kopenhagen. Die interessantere Frage ist, weshalb die europäischen Mächte, die sich dem amerikanischen Drängen auf einen türkischen Beitritt angeschlossen hatten, nun eine so riskante Umkehrung des Zeitplans für Zypern hinnahmen und grünes Licht für die Mitgliedschaft gaben, ehe ein Abkommen erreicht war, das ja eigentlich eine Voraussetzung für die Freischaltung der Ampel hätte sein sollen. Die Antwort lautet: Die Führer der EU glaubten zu recht, dass sich nach entsprechenden Anstrengungen der türkischen Regierung die Inseltürken ohne größere Schwierigkeiten überreden lassen würden, das Vereinbarte zu akzeptieren. War dies gelungen, so konnte man – schien es – auf die Zustimmung der Griechen ebenfalls zählen, die diese ja in Kopenhagen schon signalisiert hatten. Es waren noch fünfzehn Monate bis zum Beitritt Zyperns, Zeit genug, das hier nun versäumte Abkommen rechtzeitig festzuklopfen.

Dieses Kalkül setzte allerdings voraus, dass man dann noch denselben Gesprächspartner haben würde. Das Establishment westlicher Staaten hatte sich an die gemütliche Anwesenheit von Klerides gewöhnt, der **155** seit einem Jahrzehnt Präsident Zyperns war, ein vertrauter Rechter, dem es nie in den Sinn gekommen wäre, der atlantischen Allianz an den geopolitischen Karren zu fahren. Unglücklicherweise fanden zwei Monate nach seinem liebenswürdigen Auftritt in Kopenhagen Wahlen auf Zypern statt. Im Februar 2003 stellte er sich mit dreiundachtzig Jahren für eine weitere Amtszeit zur Wahl und wurde mit großer Mehrheit von Tassos Papadopoulos besiegt, der bei der Unabhängigkeit Zyperns Makarios' jüngster Minister gewesen war sowie der ihm am engsten verbundene Kollege seiner letzten Jahre; jetzt hatte er die Unterstützung der AKEL und der zypriotischen Linken. Es bestand die Gefahr, dass eine Regierung unter seiner Präsidentschaft wesentlich unbotmäßiger agieren würde.

Unverzagt machten sich Hannay und seine Mitarbeiter daran, erneut Druck auszuüben. Nach einem Treffen zwischen Annan, Weston, De Soto und ihm selbst in New York, wo es »kaum überraschenderweise – hatten wir doch alle schon über drei Jahre lang eng zusammengearbeitet – einen Konsensus gab, was unsere Analyse der Situation und unsere Handlungsanweisungen betraf«,[127] wurde Annan persönlich nach Nikosia entsandt, mit einer dritten Version des Planes, der in beiden Teilen der Insel zur Abstimmung gestellt werden sollte, und einer Vorladung für Papadopoulos und Denktash, die eine Woche später dem Plan in Den Haag zustimmen sollten. Doch befand man sich jetzt im März 2003. Die AKP-Regierung war nicht nur bereits in den bevorstehenden Irakkrieg verwickelt – am 1. März lehnte sich das türkische Parlament gegen Erdoğan und Gül auf, indem es die Forderungen der USA zurückwies, amerikanische Invasionstruppen durch türkisches Territorium ziehen zu lassen –, sondern auch in das Problem, wie man Erdoğan, bis jetzt immer noch förmlich vom Status eines Abgeordneten ausgeschlossen, ins Parlament bekommen und zum Premierminister machen könnte. Angesichts dieser Ablenkungen versäumte Ankara es zum zweiten Mal, Denktash rechtzeitig an die Leine zu nehmen, und der blockierte den Plan wieder. Hannay legte angewidert sein Amt nieder. Die UNO schloss ihr Büro auf Zypern.

Doch nachdem die AKP ihre Position in Ankara einmal konsolidiert hatte und zu einer Übereinkunft mit der Armee gekommen war – im Oktober brachte die Regierung einen Antrag im Parlament durch, dass türkische Truppen die amerikanische Besatzung im Irak unterstützen sollten –, konnte sie auch im Norden Zyperns ihren Willen durchsetzen, wo Denktashs autokratischer Herrschaftsstil ohnehin viele zu beunruhigen begann. Signale des Missfallens Ankaras genügten nun, um die Wahlen im Dezember 2003 zu seinen Ungunsten ausgehen und die größte Oppositionspartei an die Regierung zu lassen. Die AKP hatte den türkischen Beitritt zur EU zu ihrem wichtigsten Vorhaben überhaupt gemacht, und nachdem sie nun den nordzyprischen Knoten gelöst hatte, verlor sie keine Zeit. Im Januar wurde im Nationalen Sicherheitsrat mit dem Militär eine gemeinsame Position zur Zypernfrage festgelegt, und am nächsten Tag reiste Erdoğan nach Davos, um Annan zu instruieren, der zu einem Treffen mit Bush nach Washington flog. Die Wirkung ihres Gesprächs war eine unmittelbare: Vierundzwanzig Stunden, nachdem Annan ins Weiße Haus bestellt worden war, hatte er eine Einladung an die beiden zypriotischen Volksgruppen ausgesprochen, ihn zusammen mit den Vertretern der Garantiemächte zu Gesprächen in New York aufzusuchen.

Dort erklärte er, im Interesse der Vermeidung früher aufgetretener Schwierigkeiten sollte der UNO-Plan im Fall einer ausbleibenden Einigung den Wählern der beiden Gemeinschaften direkt zur Abstimmung vorgelegt werden, ungeachtet der Ansichten der jeweiligen Führung. Diesmal war Annans Drehbuch in Amerika verfasst worden, und die US-Diplomatie übte auf Papadopoulos und Denktash beträchtlichen Druck aus, damit sie die Perspektive eines derartigen Diktats akzeptierten. Im nächsten Monat traten die Gespräche in einem anderen schweizerischen

Kurort, Bürgenstock bei Interlaken, in ihr letztes Stadium ein; die griechische Delegation wurde von dem jüngeren Karamanlis angeführt, dem Neffen des Staatsmanns von Zürich, der soeben in Athen Premierminister geworden war. Wieder hielten sich amerikanische Abgesandte diskret im Hintergrund, diesmal in Gestalt von Mitgliedern der britischen Delegation (die USA war ja keine Garantiemacht), während im Vordergrund der türkische Premier die führende Rolle spielte. Eine vierte Auflage des UNO-Planes wurde diversen türkischen Forderungen angepasst, und eine letzte, nicht mehr verhandelbare Version – Annan V – wurde am 31. März verkündet. Ein strahlender Erdoğan verkündete seinem Volk, dies sei der größte Sieg der türkischen Diplomatie seit dem Vertrag von Lausanne 1923, der Kemals militärischen Triumph über Griechenland besiegelte.

Die Zeit war nun knapp. Der Schicksalstag, an dem Zypern Mitglied der EU werden sollte, lag nur noch einen Monat in der Zukunft. Das in New York erpresste Referendum wurde eine Woche vorher auf den 24. April angesetzt, und man bereitete hastig Kopien von Annan V (einem Ziegelstein von mehr als neuntausend Seiten) vor, wobei die letzten Retuschen erst achtundvierzig Stunden vor der Abstimmung erfolgten. Die Billigung durch die zypriotischen Türken stand fest – ein zweites Lausanne würden sie nicht ablehnen. Aber am 7. April riet Papadopoulos in einer ernsten Fernsehansprache den Inselgriechen ab von dem Plan.[128] Da Klerides' Partei sich dafür ausgesprochen hatte, schien das kritische Votum bei der AKEL zu liegen. Das vereinte Gewicht Washingtons, Londons und Brüssels legte sich auf die Partei und auf die griechischen Wähler insgesamt, um eine Zustimmung zu erreichen. Vom amerikanischen Außenministerium aus rief Powell persönlich den Führer der AKEL, Dimitris Christofias, an, um sich seine günstige Meinung zu sichern. In New York brachten Großbritannien und die USA zwei Tage vor dem Referendum einen Antrag im Sicherheitsrat ein, mit dem der Plan unterstützt wurde – um den Wählern klarzumachen, dass sie nicht mit dem Willen der internationalen Gemeinschaft spielen sollten. Zum großen Erstaunen vieler Beobachter (tatsächlich oft zu deren Zorn – Hannay fand es »schändlich«) benutzte Russland zum ersten Mal seit dem Ende des Kalten Krieges sein Veto. Vierundzwanzig Stunden später stellte sich die AKEL gegen den Plan. Als man die Stimmen zählte, sagten die Ergebnisse alles: Fünfundsechzig Prozent der zypriotischen Türken hatten dafür gestimmt, sechsundsiebzig Prozent der Griechen dagegen. Welcher Politologe hätte, ohne auch nur irgendetwas über den Plan zu wissen, bezweifeln können, wen er begünstigte?

Hannay hatte nicht unrecht, als er bemerkte – und er musste es wissen –, dass trotz des Dschungels technischer Korrekturen, der im Verlauf der fünf Versionen aufwucherte, der Annanplan im wesentlichen unverändert blieb. Er enthielt drei grundlegende Elemente. Der erste Teil beschrieb die Nation, die entstehen würde. Die Republik Zypern, die seit vierzig Jahren international anerkannt worden war – wiederholt von der UNO selbst –, würde abgeschafft werden, zusammen mit ihrer Flagge, ihrer Hymne und ihrem Namen. Stattdessen würde eine vollkommen neue Entität unter anderem Namen geschaffen werden, zusammengesetzt aus zwei Teilstaaten, jeder davon auf seinem Territorium mit allen Rechten ausgestattet, mit Ausnahme derer – hauptsächlich auf die Außenbeziehungen und die gemeinsamen Finanzen bezogen –, welche der föderativen Ebene vorbehalten blieben. Dort würde es einen 50:50 zwischen Griechen und Türken geteilten Senat geben sowie ein proportional gewähltes Unterhaus mit einem garantierten Minimum von fünfundzwanzig Prozent türkischer Sitze. Es würde keinen Präsidenten geben, sondern einen Exekutivrat, gebildet aus vier Griechen und zwei Türken, gewählt von einer »speziellen Mehrheit«, die zwei Fünftel von jeder Hälfte des Senats erforderte. Bei einer gegenseitigen Blockade würde ein Oberstes Gericht, zusammengesetzt aus drei Griechen, drei Türken und drei Ausländern, die Funktionen der

Exekutive und Legislative übernehmen. Die Zentralbank würde ebenfalls eine gleiche Zahl von griechischen und türkischen Direktoren haben, mit einer Entscheidungsstimme für einen Ausländer.

Der zweite Teil des Plans befasste sich mit Fragen des Territoriums, des Eigentums und der Freizügigkeit. Der griechische Staat würde etwas über siebzig, der türkische etwas unter dreißig Prozent der Oberfläche Zyperns einnehmen; der griechische Staat etwas unter fünfzig, der türkische etwas über fünfzig Prozent der Küste. Die Entschädigung für beschlagnahmtes Eigentum wurde auf höchstens ein Drittel von dessen Fläche oder Wert begrenzt – was von beiden weniger war. Der Rest sollte durch langfristige Anleihen der Föderationsregierung auf Kosten der Steuerzahler kompensiert werden; es bestand kein Rückerhaltsrecht. Von den aus ihren Wohnsitzen Vertriebenen würde die Maximalzahl derer, denen eine Rückkehr – über einen Zeitraum von zwanzig Jahren – gestattet sein würde, unter einem Fünftel der jeweiligen Bevölkerung liegen, während etwas weniger als hunderttausend türkische Siedler und Zuzügler im Norden ständige Anwohner und Bürger werden würden.

Im dritten Teil ging es um Streitkräfte und internationales Recht. Das Garantieabkommen, das drei ausländischen Mächten das Recht zur Intervention in Zypern gab, würde in Kraft bleiben (»unbegrenzt und unverdünnt«, wie Hannay befriedigt notiert) – auch nach der Abschaffung des Staates, welchen es eigentlich schützen sollte. Der neue Staat würde keine Streitkräfte haben, aber die Türkei würde auf weitere acht Jahre sechstausend Mann auf der Insel stationieren und nach einer weiteren Zeitspanne das ihr in Zürich garantierte Kontingent auf Dauer. Die britischen Stützpunkte, im Umfang ein wenig reduziert, würden als souveräner Besitz des Vereinigten Königreichs intakt bleiben. Der zukünftige zypriotische Staat würde alle Ansprüche vor dem Europäischen Menschenrechtsgerichtshof fallenlassen[129] und sich, *last but not least*, im voraus verpflichten, für den türkischen Beitritt zur EU zu stimmen.

Die Ungeheuerlichkeit dieses Arrangements, das »die Zypernfrage ein für alle Mal lösen« sollte, wie Annan schwärmte, spricht für sich selbst. In seinem Kern enthält es die Ratifizierung einer ethnischen Säuberungspolitik – von einem Umfang und einer Gründlichkeit, die man unter den israelischen Siedlern immer wieder beneidet hat, wo Avigdor Lieberman, Führer des weit rechts stehenden Yisrael Beiteinu, öffentlich nach einer »zypriotischen Lösung« für die Westbank ruft, eine Forderung, die als so extrem gilt, dass seine Koalitionspartner sie zurückweisen. Der Plan absolviert die Türkei nicht nur von Jahrzehnten der Besatzung und der Plünderung und erlegt die Kosten denen auf, die darunter gelitten haben. Er steht auch im Widerspruch zur Genfer Konvention, die es einer Besatzungsmacht untersagt, Siedler in besetztes Territorium zu bringen. Diese werden aber nicht zum Rückzug veranlasst, der Plan schreibt ihre Anwesenheit fest: Niemand »wird gezwungen, wegzuziehen«, mit Pfirters Worten.[130] Bei der Konzeption des Planes spielten Rechtsnormen eine so geringe Rolle, dass man Sorge trug, seine Bestimmungen der Jurisdiktion des Europäischen Gerichtshofs und des Europäischen Menschenrechtsgerichtshofs im voraus zu entziehen.

Mit nicht geringerer Verachtung für die Prinzipien jeder beliebigen existierenden Demokratie überließ der Plan einer Minderheit, die zwischen achtzehn und fünfundzwanzig Prozent der Bevölkerung umfasste, fünfzig Prozent der Entscheidungsgewalt im Staat. Um zu erkennen, wie grotesk dieser Vorschlag ist, genügt die Frage, wie die Türkei reagieren würde, wenn man ihr mitteilte, die kurdische Minorität – ebenfalls bei etwa achtzehn Prozent – müsse die Hälfte aller Sitze im Senat und weitgehende Blockademöglichkeiten in der Exekutive erhalten, nicht zu vergessen etwa dreißig Prozent der territorialen Fläche in eigener Jurisdiktion. Welcher Emissär der UNO oder der EU, welcher Apologet des Annanplanes würde es wagen, mit einem solchen Vorschlag in der Aktenmappe nach Ankara zu reisen? Ethnische Minderheiten brauchen Schutz – die

türkischen Kurden nach jeglichem Maßstab weit mehr als die türkischen
Zyprioten –, aber hieraus eine krasse politische Disproportionalität zu
machen, heißt Feindseligkeiten einzuladen, nicht sie zu zügeln.

Dabei waren die offiziellen Verhältnismäßigkeiten der Volksgruppen
noch nicht alles. Auf der weiten Tundra der vielen anderen Ungerechtigkeiten des Planes waren immer wieder Vorkehrungen eingepflanzt, die
dem neuen, angeblich unabhängigen Gemeinwesen an strategischen Punk-
ten Ausländer oktroyierten – im Verfassungsgericht, in der Zentralbank,
in der Eigentumskommission. Die Krönung war es, dass die bewaffnete
Macht dem Ausland vorbehalten blieb: türkisches Militär, das am alten
Ort blieb, britische Basen als Trampolin für den Irak. Kein anderes Mitglied der Europäischen Union hat irgendeine Ähnlichkeit mit der rissigen,
eingeschrumpften Hülse eines unabhängigen Landes, die hier nach diesem
Plan entstanden wäre. Die griechischen Zyprioten lehnten ihn nicht deshalb mit so großer Mehrheit ab, weil Papadopoulos sie falsch informierte
oder weil sie Anweisungen von Christofias gehorchten – Umfragen zeigten,
dass sie den Plan bereits abgelehnt hatten, ehe die beiden sich dagegen
aussprachen. Sie waren dagegen, weil sie dabei so wenig zu gewinnen hatten – ein klein wenig Land, die Brosamen einer zweifelhaften Restitution
von Eigentum – und so viel zu verlieren: einen einigermaßen integrierten,
wohlangesehenen Staat ohne tiefe Gräben oder Blockaden, auf den sie be-
rechtigterweise stolz sein konnten. Warum dies aufgeben für eine konstitutionelle Chimäre, deren Funktion hauptsächlich darin bestand, die Türkische Republik Nordzypern, von der UNO selbst als illegal verurteilt, als
gleichberechtigten Partner in eine billig zurechtgezimmerte Verfassungs-
architektur aufzunehmen? Nach ausländischen Spezifizierungen zuge-
schnitten, war schon die Konstitution von Zürich imprakticable genug
gewesen und hatte nur zu Streit, Stockung und Zerfall geführt. Die Verfassung von Bürgenstock, sehr viel komplizierter und noch ungerechter, war
ein Rezept für noch größeres Ressentiment und noch stärkere Lähmung.

Die Sache hatte jedoch ihre Logik. Der Grund für diesen ganzen Plan lag wie der für seinen Vorläufer 1960 außerhalb Zyperns selbst; die Interessen der zypriotischen Volksgruppen spielten nie mehr als eine Nebenrolle in diesem Kalkül. Die Antriebsenergie des Planes in all seinen Versionen war die Befürchtung: Wenn Zypern mit seiner jetzigen Konstitution, ohne dass man es präventiv auseinandergenommen und neu zusammengesetzt hätte, in die EU aufgenommen würde, dann könnte es den Beitritt der Türkei durch ein Veto aufhalten, bis die Türkei ihren Griff um den einen Inselteil löste und Soldaten und Siedler sich zurückzogen. Das Grundprinzip für Hannays Kalkulationen war deshalb immer die Frage, was für Ankara akzeptabel wäre und der Türkei helfen würde, den EU-Beitritt weiterzuverfolgen, ohne dass wegen Zypern die öffentliche Meinung im Lande oder der gesamte Staatsapparat in Erregung versetzt würde. Die AKP-Regierung, nicht unpräzise als idealer Partner des Westens identifiziert, konnte jedesmal, wenn sie eine weitere Konzession in der Zypernfrage wünschte, auf innere Widerstände hinweisen, die das große gemeinsame Ziel des Beitritts gefährdeten, und schon fielen ihre Verhandlungspartner über die eigenen Füße vor Eilfertigkeit, den Kandidaten zufriedenzustellen.

Wie 1960 und 1974 hat es auch diesmal keinen Sinn, der Türkei die Schuld an dem politischen Prozess zu geben, der zum Plan des Jahres 2004 führte – der ohnehin für sie kein besonderer Erfolg war. In allen diesen Fällen handelte sie nach den klassischen Regeln der *raison d'état*, ohne besondere Heuchelei und auf Einladung. Die Urheber dieses jüngsten Anschlags auf Zypern sind anderswo zu suchen. Hinter ihrer glatten offiziellen Prosa haben Hannays Memoiren das unfreiwillige Verdienst, klarzumachen, dass Großbritannien am Ende dieser Geschichte ebenso wie an ihrem Beginn der Hauptschuldige bei dem Versuch war, Zypern einen Bleimantel umzuhängen. In diesem Sinne war Hannay der direkte Nachfolger Hardings, Caradons und Callaghans in dieser Chronik rücksichtsloser Gleichgültigkeit gegenüber dem Schicksal Zyperns als Gesellschaft. Großbritannien handelte natürlich nicht allein. Historisch waren in allen drei Krisen, als es um die Zukunft der Insel ging, die USA der Komplize Großbritanniens, ohne bis zum letzten Moment die führende Rolle ganz zu übernehmen.

Mit der jetzt geschilderten Episode betrat jedoch ein neuer Akteur die Bühne: die Europäische Union. Wenn die Briten 1996 auf ein neues Zürich hingesteuert hatten und die Amerikaner es ihnen 1997 nachtaten, so machte sich das EU-Establishment im allgemeinen erst Ende 2002, als die AKP an die Macht kam, die angloamerikanische Entschlossenheit zu eigen, die Türkei müsse aus ökonomischen, ideologischen und strategischen Gründen gleichermaßen rasch in die Union aufgenommen werden. Obwohl sich hie und da ein gewisses Misstrauen hielt, stand Brüssel dann ab 2003 in Gestalt von Kommissionspräsident Romano Prodi und Erweiterungskommissar Günter Verheugen voll hinter London und Washington. Hannay, der sich in der Praxis der Kommission unvergleichlich genau auskannte, hatte dafür gesorgt, Verheugen schon früh auf seine Seite zu bringen, und sich seine Zusicherung geben lasen, dass der *acquis communautaire* – das Korpus von Regeln, denen jeder Beitrittskandidat entsprechen muss (darunter die freie Wahl des Wohnorts und die Investitionsfreiheit, was nördlich der Attilalinie etwas dubiose Punkte waren) – kein Hinderungsgrund für ein Abkommen sein würde, das diese Freiheiten für Zypern annullierte.

Verheugen legte dem Vorhaben nichts in den Weg. Bei allen folgenden Gelegenheiten – in Ankara mit Erdoğan am Vorabend von dessen Flug zu Annan und Bush Anfang 2004, beim Endspiel in Bürgenstock zwei Monate später – erläuterte er stets, dass der normale *acquis* hier keine Rolle spiele. Dies trotz der Tatsache, dass er (wie Hannay beifällig notiert) »dies vorher nicht mit den Mitgliedsstaaten abklären konnte«, er also sein Mandat ohne Rücksprache mit diesen ignorierte.[131] Schwerfällig und wichtigtuerisch, ein deutscher Widmerpool[132] (mittlerweile im eigenen Lande eine eher komische Figur, seit Fotos aufgetaucht sind, die ihn nackt mit seiner Sekretärin an einem litauischen Strand zeigen), versuchte Verheugen das zypriotische Referendum direkt zu beeinflussen, indem er ein umfangreiches Interview gab, wo er sich für den Plan aussprach. Ärgerlich, als kein Fernsehsender es haben wollte, war er überaus wütend, als der Plan dann zurückgewiesen wurde. Wut war tatsächlich die allgemeine Reaktion in Brüssel, als die griechischen Wähler sich weigerten, der EU den Willen zu tun; eine ungläubige Wut, die sich auch in der gesamten öffentlichen Meinung Europas ausdrückte, *Financial Times* und *Economist* vorneweg, und sich seither kaum gelegt hat.[133] Hätte es noch einer Lektion bedurft, was das Engagement der EU für das internationale Recht und für die Menschenrechte wert ist, dann hätte ihr Verhalten in Sachen Zypern eine der bisher deutlichsten geliefert.

Und es ist natürlich noch nicht vorbei. Zypern, der in der Schweiz konstruierten Falle entronnen, trat der EU eine Woche nach dem Referendum politisch intakt bei, am 1. Mai 2004. In den vier Jahren seither hat sich die Lage auf der Insel deutlich zum Besseren verändert. Die physische Trennung ist gemildert, seit Denktash 2003 die Grenzübergänge geöffnet hat, was den Verkehr über die grüne Linie zwischen Nord und Süd erlaubt. Die unmittelbare Auswirkung war eine riesige Besucherwelle (mehr als zwei Millionen in ein paar Jahren) von Griechen im Norden, die in vielen Fällen kamen, um sich ihre alten Häuser anzuschauen, und ein Zustrom türkischer Arbeitskräfte nach Süden, wo sie jetzt ein Zehntel der Beschäftigten in der Bauindustrie ausmachen. Ein dauerhaftes Ergebnis ist es, dass eine große Zahl offizieller zypriotischer Dokumente für Türken mit legitimen Rechten auf der Insel ausgestellt worden sind (bis Frühjahr 2005 waren es etwa dreiundsechzigtausend Geburtsurkunden, siebenundfünfzigtausend Personalausweise und zweiunddreißigtausend Pässe), was den Magnetismus der EU-Mitgliedschaft zeigt; das

Wirtschaftswachstum liegt ein gutes Stück über dem EU-Durchschnitt.[134] 2008 war Zypern das nach Slowenien zweite Mitglied des Erweiterungsschubes, das sich der Eurozone anschloss.

Politisch betrachtet verschob sich die Szenerie, als sich die AKEL 2007 aus der Regierung zurückzog, weil sie beschlossen hatte, zum ersten Mal in der Geschichte der Republik einen eigenen Präsidentschaftskandidaten aufzustellen. Die AKEL war immer die bei weitem stärkste Partei auf Zypern gewesen, in der Tat lange Zeit die einzige richtiggehende Partei überhaupt, doch konnte sie sich angesichts des Hellenismus und des Kalten Krieges keine Hoffnungen darauf machen, den Staat zu führen. Trotzdem hatte ihr die Solidität ihrer Verankerung in der Gewerkschaftsbewegung und den Kooperativen sowie die kluge Richtung, die sie nach dem Zusammenbruch des sowjetischen Blocks einschlug (sie zog ihre Lehren aus der raschen Fragmentierung der italienischen KP), eine bemerkenswerte Fähigkeit verliehen, alle Krisen durchzustehen. Im Austausch für die Unterstützung von Papadopoulos 2003 bekam sie zum ersten Mal Schlüsselministerien übertragen, und 2008 war sie soweit, es bei den Präsidentschaftswahlen selbst zu versuchen. In der ersten Runde dieser Wahlen im Februar kam Christofias auf den zweiten Platz und schlug Papadopoulos; in der zweiten, von Papadopoulos und dessen Partei unterstützt, schlug er den Kandidaten Klerides und wurde zum ersten kommunistischen Staatsoberhaupt der EU.

Christofias, eine stämmige, leutselige Gestalt aus einem Dorf bei Kyrenia im Norden, war schon der Jugendliga der AKEL beigetreten. In seinen Zwanzigern studierte er in Moskau, wo er 1974 promoviert wurde; nach der türkischen Invasion kehrte er zurück. 1988 war er im relativ jungen Alter von zweiundvierzig Jahren zum Führer der Partei geworden. Ruhig und flüssig redend, betont er die traditionelle Kritik der AKEL am griechischen wie am türkischen Chauvinismus und ihre Arbeit für gute Beziehungen zwischen den Volksgruppen, ohne dabei zu versuchen,

die Leiden der beiden Seiten herunterzuspielen oder schlicht gleichzuset-
zen – Leiden, die seine Familie persönlich kennt: Als sie nach 2003 in
den Norden reiste, »wurde es meinen Schwestern buchstäblich schlecht,
als sie sahen, was mit unserem Dorf geschehen war.« Der UNO-Plan,
führt er aus, enthielt zu viele offensichtliche Konzessionen an Ankara,
als dass man ihn hätte akzeptieren können, und trotz seiner »vielen, vielen Begegnungen mit Hannay und meinem guten Freund Tom Weston«
konnte er das Paket seiner Partei nicht empfehlen; eine Wiederauflage
des Plans bleibt unmöglich. Doch hatte die AKEL während all der Jahre,
als Denktash jeden Kontakt zwischen den beiden Seiten verbot, die Verbindung mit der Türkischen Republikanischen Partei (die jetzt im Norden regiert) aufrechterhalten und mehrere Geheimtreffen mit ihr im Ausland abgehalten. Seit dem Referendum haben sich die beiden Parteien mit
ihren Gewerkschafts- und Jugendorganisationen regelmäßig getroffen,
im Sinne des Ziels der AKEL, »eine Volksbewegung der Annäherung«
zu schaffen.

Als Präsident war es Christofias' erste Aktion, sich mit seinem Gegenüber aus dem Norden, Mehmet Talat, zu treffen und dafür zu sorgen,
dass die einstige Haupteinkaufsstraße von Nikosia über die grüne Linie
hinweg geöffnet wurde. Dass die beiden Männer nun jeweils Führer ihrer
Gemeinschaft sind, stellt eine seltsame Konvergenz der Inselgeschichte
dar. Denn ursprünglich war die CTP, wie Christofias gerne sagt, eine
»Schwesterpartei« der AKEL – beides Zweige desselben Kommunismus,
als dieser noch eine internationale Bewegung war. Im Falle der CTP wurde die Partei in den achtziger Jahren von den radikalen marxistischen Studenten umgetrieben, welche die militante türkische Linke dieser Zeit stellten und auf dem Festland zu Zehntausenden in den Gefängnissen jener
Generäle endeten, die Nordzypern besetzten. In den Neunzigern schloss
die Partei ihren Frieden mit der Besatzungsarmee, und heute gleicht sie
eher den ex-kommunistischen Parteien Osteuropas, die berühmt sind für

ihren Opportunismus – Talat steht Gyurcsány oder Kwaśniewski näher
als seinem Gesprächspartner, der sich über den Unterschied durchaus im
klaren ist.

Trotzdem gibt es diese gemeinsame Geschichte, welche die beiden
Seiten verbindet, und das ist eine Novität in den Gesprächen über die
ethnischen Grenzen Zyperns hinweg. Inwieweit Talat eine gewisse Unabhängigkeit von Ankara zeigen kann, muss man sehen. Die politische
Schicht der türkischen Zyprioten hängt an ihren lokalen Privilegien, die
sie verlieren würde, falls die Türkei den Norden einfach übernimmt, und
sie würde gerne die Vorteile einer vollständigen EU-Mitgliedschaft genießen und nicht ewig im Limbus des halben Zugangs warten. Die lokale
Bevölkerung kommt mit den armen Saisonarbeitern – meist aus der Gegend um Iskenderun, den nächsten Festlandshafen – nicht besonders gut
zurecht, die den größten Teil der körperlichen Arbeit verrichten, während
die Einheimischen einen lukrativeren Posten im Staatsapparat vorziehen.

Die Wirtschaft hängt von umfangreichen Subsidien Ankaras ab, das
den staatlichen Angestelltenapparat mit Gehältern aufbläht, die viel
höher sind als in der Türkei selbst: pensionierte Polizisten bekommen
eine Rente, die höher ist als das Gehalt eines Universitätsdozenten auf
dem Festland. Das Privatunternehmertum wird durch nicht weniger als
sechs Supermarkt-Universitäten repräsentiert, die angeblichen Studenten
vom Festland oder aus Staaten des Nahen Ostens und Zentralasiens Abschlüsse verkaufen. Den potentiellen Vorteilen einer Integration in die EU
steht der künstliche Charakter dieser Wirtschaft gegenüber, die den Auswirkungen des *acquis* nur schwer standhalten würde. Es ist möglich, dass
eine Anpassung so schmerzlich wäre wie im Osten Deutschlands.

Eine Wiedervereinigung würde also nicht nur institutionelle Sicherungen benötigen, sondern eine ökonomische Abfederung für die türkische
Minderheit, etwas, das ein AKEL-Präsident besser als jeder andere begreifen würde. Ein wirkliches Abkommen über Zypern kann nur aus

dem Inneren der Insel hervorgehen und kann nicht von außen auferlegt werden, wie es bisher unweigerlich der Fall war. Die Demilitarisierung der Insel, welche die AKEL schon lange gefordert hat, mit dem Abzug aller ausländischen Truppen und der Auflösung aller Stützpunkte (also nicht nur dem Abmarsch der türkischen Soldaten, sondern der Schließung der anachronistischen britischen Enklaven), ist eine Vorbedingung jeder wirklichen Lösung. Eine Verfassung mit präzisen Sicherungen gegen jegliche Form der Diskriminierung und mit einer wirklich gerechten Entschädigung für die Verluste auf allen Seiten ist eine weit bessere Garantie für das Wohlergehen einer Minderheit als die provozierende Überrepräsentanz in gewählten Versammlungen oder die vorhersagbare Blockade der Administration, beides nicht auf Dauer praktikabel. Ein politisches System zu entwerfen, das diese Ziele einlöst, das liegt kaum außerhalb der Möglichkeiten des zeitgenössischen Verfassungsdenkens.

In der Vergangenheit gab es angesichts der militärischen Dominanz der Türkei keine Möglichkeit, über solche Prinzipienfragen auch nur zu sprechen. Doch jetzt ist geschehen, was die gesamte UNO-Strategie abwehren wollte: Zypern besitzt ein Vetorecht gegen den türkischen Beitritt zur EU und wäre in der Lage, die Türkei zum Abzug ihrer Truppen zu zwingen, bei Strafe der fortdauernden Ausschließung. Diese enorme Veränderung war der geheime Einsatz, um den die ganze panische Diplomatie der letzten Jahre gespielt hat. Es stimmt natürlich, dass eine französische Weigerung, die Türkei in die EU aufzunehmen, oder ein in nationalistischer Aufwallung beschlossener Verzicht der Türkei Zypern diesen Hebel nehmen würde. Doch die westlichen Interessen an der Türkei und die türkischen Interessen – nicht zuletzt die des Kapitals – am westlichen Status sind so groß, dass dies beides unwahrscheinlich bleibt. Das heißt nicht, dass Zypern die ihm zugefallene Macht jemals einsetzen wird. Es ist ein kleines Land, und man wird immensen Druck ausüben, um es daran zu hindern – für die EU ist bekanntlich ein Referendum nur

ein Stück Papier, dessen Folgen umkehrbar sind. Manchmal fordern klei-ne Nationen die Großmächte heraus, aber das ist immer seltener geworden. Das wahrscheinlichste Ergebnis wird wohl, in der einen oder ande-
ren Form, das sein, welches in einem Satz über eine andere griechische
Insel formuliert wurde: »Die Starken tun, was sie können, die Schwachen
tun, was sie müssen.«

1 »Deconstructing Europe«, jetzt in: *The Discovery of Islands*, Cambridge 2005, S. 278.

2 Vgl. Bruce Masters, *Christians and Jews in the Ottoman Arab World*, Cambridge 2001, S. 16 ff. »Der gesellschaftliche Status eines Muslims war höher als der eines Nichtmuslims, in ziemlich derselben Weise, in der im traditionellen Recht der soziale und gesetzliche Vorrang von Männern gegenüber Frauen festgeschrieben war.«

3 *Osman's Dream. The Story of the Ottoman Empire 1300–1929*, New York 2005, S. 322. Obwohl Mekka und Medina seit dem frühen sechzehnten Jahrhundert Teil des ottomanischen Reichs waren, unternahm kein einziger Sultan je die Pilgerfahrt zu den Heiligen Stätten.

4 Die Kombination aus ideologisch begründetem Krieg gegen die Christen und praktischer Verwendung derselben geht zurück auf die früheste Periode osmanischer Geschichte, bevor noch der Bosporus überschritten wurde und die *devşirme* entstand. Vergleiche die ausgezeichnete Untersuchung dieser Zusammenhänge von Cemal Kafadar, *Between Two Worlds: The Construction of the Ottoman State*, Berkeley 1995, passim.

5 Zur letzten *devşirme* kam es 1703. Über den Niedergang dieser Praxis und den Wechsel zur Formierung der Wesir-Pascha-Elite vgl. Donald Quataert, *The Ottoman Empire 1700–1922*, Cambridge 2000, S. 33–34, 43, 99–100.

6 Eine Einrichtung, die alle Beteiligten zufriedenstellte: »In der Armee herrschte verbreitet Sorge darüber, dass die Rekrutierung christlicher Bauernsöhne sich als Last entpuppen könnte und Nichtmuslime schädlich für die Moral wären. Ein wichtiger Punkt, denn alle Untersuchungen der osmanischen Armee zwischen 1850 und 1918 stimmen darin überein, dass die Kampfkraft der osmanischen Truppen in hohem Maße religiös begründet war. Angriffe wurden stets begleitet vom Schrei *Allah, Allah* oder *Allahüekber* (Gott ist groß). Von einer religiös gemischten Armee war das kaum zu erwarten. Den meisten Muslimen, vor allem auf dem Lande, war die Vorstellung von bewaffneten Christen unbehaglich (einige Beobachter vergleichen dieses Unbehagen mit dem der Weißen in den amerikanischen Südstaaten gegenüber der Idee von der Gleichheit der Schwarzen). Die meisten christlichen Ottomanen teilten dieses Unbehagen, denn im Großen und Ganzen fühlten sie sich eher als Untertanen des ottomanischen Staats und nicht als Angehörige einer ottomanischen Nation. Die Idee des Aufbaus einer ottomanischen Nation (zu jener Zeit auch bekannt als die Idee von der ›Einheit der Elemente‹) war stets begrenzt auf eine kleine, wesentlich muslimische Elite. Die ottomanische Regierung schließlich hatte ganz entscheidende Gründe dafür, ottomanische Christen nicht in die Armee zu lassen. Aus der Tatsache, dass das Edikt von 1865 besonderen Wert auf die Gleichheit vor dem Gesetz legte, ergab sich auch, dass die *cizye*, jene Steuer, die Christen und Juden üblicherweise dem islamischen Staat, unter dem sie lebten, zu entrichten hatten, eigentlich nicht mehr zulässig war. Obwohl die Anzahl der ottomanischen Christen während der letzten hundert Jahre der Herrschaft der Ottomanen stark zurückging, vor allem aufgrund der verlorenen europäischen Provinzen, stellten sie zur Zeit der Regierung von Abdulhamid immer noch dreißig Prozent der Bevölkerung und zwanzig Prozent noch kurz vor Ausbruch des Ersten Weltkriegs. So erstaunt nicht, dass die *cizye* nach der Zehntsteuer die wichtigste staatliche Einkommensquelle war. Kein Wunder, dass es dem Staat lieber war, dass die Christen Steuern zahlten, anstatt in der Armee zu dienen. Tatsächlich blieb dies bis 1909 die gängige Praxis.« Erik-Jan Zürcher, »The Ottoman Conscription System in Theory and Practice«, in: *International Review of Social History*, Jg. 43 (1998), Nr. 3.

7 Finkel zitiert den Bericht des Politikers Ahmed Cevdet Pascha über die Reaktionen auf die Verkündung des Edikts von 1865. »Mit dem heutigen Tag haben wir die heiligen Rechte unserer Gemeinschaft verloren, die unsere Vorfahren mit ihrem Blut erkämpften. Die Gemeinschaft der Muslime hat ihre Vorherrschaft bewahrt, ist jedoch ihrer heiligen Rechte beraubt worden. Für alle Muslime ist dies ein Tag der Trauer und der Sorge.« Vgl. *Osman's Dream*, a.a.o., S. 459.

8 »Ende 1909 hatten sich die Zahl der CUP-Ableger im ganzen Reich von 83 (einige davon nur kleine Zellen) auf 360 erhöht, die der Mitglieder von grob geschätzt 2250 auf 850000.« M. Sükrü Hanioğlu, *A Brief History of the Late Ottoman Empire*, Princeton 2008.

9 Zu dieser Zweigleisigkeit vgl. Hugh Poulton, *Top Hat, Grey Wolf and Crescent. Turkish Nationalism and the Turkish Republic*, New York 1997, S. 80. Schon 1910 hatte Talat in einer vor dem CUP-Zentralkomitee gehaltenen Geheimrede gesagt: »Ihr wisst, dass ihr mit den Paragraphen der Verfassung die Gleichheit zwischen Muslimen und Ungläubigen festgelegt habt. Jeder einzelne von euch weiß aber auch, dass dieses Ideal nicht zu verwirklichen ist. Die Scharia, unsere Geschichte und die Gefühle Hunderttausender Muslime, ja, selbst die Gefühle der Ungläubigen selbst, die störrisch jedem Versuch widerstehen, sie zu ottomanisieren, sind ein unüberwindliches Hindernis für die Einrichtung wahrhafter Gleicheit ... Die Frage wahrer Gleichheit also lässt sich erst stellen, wenn wir es geschafft haben, das Reich zu ottomanisieren.«

10 Zu den geistigen Einflüssen vgl. Erik-Jan Zürcher, »Ottoman Sources of Kemalist Thought«, der auf französische Quellen – Laffitte, Le Bon, Durkheim – verweist; und M. Sükrü Hanioğlu, »Blueprints for a Future Society«, der die Bedeutung des deutschen Vulgärmaterialismus – Ludwig Büchner, Haeckel – sowie des Sozialdarwinismus hervorhebt. In: Elisabeth Özdalga (Hg.), *Late Ottoman Society. The Intellectual Legacy*, London 1995, S. 14 ff. u. S. 29 ff.

11 Zitiert in: Taner Akçam, *A Shameful Act. The Armenian Genocide and the Question of Turkish Responsibility*, New York 2006.

12 Zu den dramatischen diplomatischen Verwicklungen vgl. Hanioğlu, *The Late Ottoman Empire*, a.a.O., S. 175; Ulrich Trumpener, *Germany and the Ottoman Empire 1914–1918*, Princeton 1968, S. 12 ff.; und David Fromkin, *A Peace to End all Peace. Creating the Middle East 1914–1922*, London 1989, S. 54 ff. Fromkin vertritt die These, zuerst habe Enver die Deutschen getäuscht, damit diese das Bündnis schlossen, worauf die Deutschen ihn ihrerseits hinsichtlich der Operation gegen Russland zu täuschen wussten.

13 Die beste Darstellung Envers in dieser Zeit bleibt Charles Haley, »The Desperate Ottoman: Enver Paşa and the German Empire«, in: *Middle Eastern Studies*, Nr. 1, Januar 1994, S. 1 ff sowie Nr. 2, April 1994, S. 224 ff.

14 Zu den unterschiedlichen Schätzungen vgl. Akçam, *A Shameful Act*, a.a.O., S. 42.

15 Zu den Ursprüngen dieser Organisation vgl. Philip Stoddard, *The Ottoman Government and the Arabs 1911–1918*, Diss. Princeton 1963, S. 46 ff.

16 Zu diesen verschiedenen Wellen ethnischer Säuberungen vgl. Benjamin Lie-
bermans klug gewichtete, ernüchternde Studie *Terrible Fate. Ethnic Cleansing in the Making of Modern Europe*, Chicago 2006, S. 3 ff.

17 Ebd., S. 87–91. Lieberman schreibt, dass in diesem Fall paradoxerweise zwei Fünftel der Deportierten in russischen Städten landeten – nicht Moskau und St. Petersburg, wo ihnen zuvor der Aufenthalt verboten gewesen war.

18 *The Dark Side of Democracy: Explaining Ethnic Cleansing*, Cambridge 2005, S. 152.

19 Ebd., S. 140. Selbst die niedrigste Schätzung der Opfer – durch »infrakommunalen Krieg« –, die ein ottomanischer Apologet liefert, kommt auf zwei Fünftel der Bevölkerung: Justin McCarthy, *The Ottoman Peoples and the End of Empire*, London 2001, S. 145.

20 Vgl. Erik-Jan Zürcher, *Turkey: A Modern History*, 3. Aufl., London 2004, S. 135; Nur Belge Criss, *Istanbul under Allied Occupation 1919–1923*, Leiden 1999, S. 4; Eric Zürcher, *The Unionist Factor*, Leiden 1984, S. 84.

21 Die vollständigste Darstellung findet sich bei Zürcher, *The Unionist Factor*, S. 68–105.

22 Eine (auch anschauliche) Beschreibung durch den Kommandanten, Kapitänleutnant Hermann Baltzer, findet sich in der *Orientrundschau*, November 1933, S. 121 ff.; sie wird bestätigt durch die Tagebucheintragungen von Vizeadmiral Albert Hopman in: Winfried Baumgart (Hg.), *Von Brest-Litovsk zur deutschen Novemberrevolution*, Göttingen 1971, S. 634.

23 Begleitet wurden sie von dem Istanbuler Polizeichef Bedri, dem Gouverneur von Trabzon, Cemal Azmi, und einem weiteren Arzt namens Rusuhi.

24 Eine detaillierte Beschreibung der Feuersbrunst findet sich bei Andrew Mango, *Atatürk*, London 1999, S. 345–347.

25 »Die moralische Problematik von Nansens Befürwortung eines Zwangsaustausches der Bevölkerungen über die Ägäis hinweg ließ die Mitglieder des Nobelpreiskomitees unberührt. Auch aus dem Kreis der westlichen Mächte, die Nansen das Mandat gegeben und ihn zu einer großzügigen Auslegung ermutigt hatten, kamen keinerlei Einwände.« Bruce Clark, *Twice a Stranger. How Mass Expulsion Forged Modern Greece and Turkey*, London 2006, S. 95. Clark notiert auch die Genugtuung im türkischen Lager darüber, dass Nansen in den sauren Apfel biss.

26 Die Aktivitäten der CUP-Exilanten und ihre Beziehungen zu Kemal sind noch nicht eingehend untersucht worden. Die bisher beste Untersuchung konzentriert sich auf Envers Bemühungen um sowjetische Unterstützung und seine Versuche, das türkische Banner in Zentralasien aufzupflanzen; vgl. Yamauchi Masayuki, *The Green Crescent under the Red Star. Enver Pasha in Soviet Russia 1919–1922*, Tokio 1991. Zur diplomatischen Gastfreundschaft, die den Exilanten in Berlin entgegengebracht wurde, vgl. die Memoiren von Wipert von Blücher, *Deutschlands Weg nach Rapallo*, Wiesbaden 1951, S. 130–137. Talats Aufenthalt findet sich hervorragend dargestellt bei Ingeborg Böer, Ruth Herkötter und Petra Kappert (Hg.), *Türken in Berlin 1871–1945*, Berlin 2002, S. 195–201.

27 Eine reißerische Darstellung findet sich bei Jacques Derogy, *Opération Nemesis. Les vengeurs arméniens*, Paris 1986, S. 135–148, 239–261, 275–278, 296–301. Bedri, ein studierter Jurist, wurde nach Kabul geschickt, wo er zunächst half, die afghanische Verfassung und das Strafgesetzbuch für das Amanullah-Regime aufzusetzen, ehe er 1924 an Schwindsucht starb; vgl. Sebastian Beck, »Das Afghanische Strafgesetzbuch vom Jahre 1924 mit dem Zusatz vom Jahre 1925«, in: *Die Welt des Islams*, August 1928, S. 72.

28 Carter Findley verweist mit Recht auf diese Besonderheit; vgl. seine anregende Studie *The Turks in World History*, Oxford 2005, S. 204.

29 Zu den drei Schichten der ottomanischen Gesellschaft vgl. Şerif Mardin, *Religion, Society and Modernity in Turkey*, Syracuse 2006, S. 320–324.

30 Poulton, *Top Hat, Grey Wolf and Crescent*, a.a.O., S. 91.

31 Mango, *Atatürk*, a.a.O., S. 374.

32 Zitat in: David McDowall, *A Modern History of the Kurds*, London 2004, S. 188.

33 Ebd., S. 187.

34 Finkel, *Osman's Dream*, a.a.O., S. 550.

35 Dazu im einzelnen Poulton, *Top Hat, Grey Wolf and Crescent*, a.a.O., S. 104–114.

36 Briefe vom 12. Dezember 1936 und vom 3. Januar 1937, in: *Zeitschrift für Germanistik*, Dezember 1988, S. 691–692.

37 »A History and Geography of Turkish Nationalism«, in: Faruk Birtek und Thalia Dragonas (Hg.), *Citizenship and the Nation-State in Greece and Turkey*, London 2005, S. 14.

38 Vgl. Vahakn Dadrian, *The History of the Armenian Genocide*, New York 2003, S. 358, 371. Der Unterzeichner des Telegramms, Ahmed Mukhtar Mulla-oğlu, ging 1927 als erster Botschafter der türkischen Republik nach Washington.

39 Zu den einzelnen Personen und den allgemeinen Zusammenhängen vgl. Akçam, *A Shameful Act*, a.a.O., S. 362–364. Zürcher hebt hervor, dass die gesamte kemalistische Elite mit den CUP-Anführern eng durch Beruf und Herkunft verbunden war: »Beide Gruppen entstammten einem fast identischen soziologischen Umfeld«. Er fährt fort: »Hier berühren wir eine sehr empfindliche Stelle in der Geschichtsschreibung der modernen Türkei«, und nennt im folgenden weitere prominente Regimefiguren aus der Zwischenkriegszeit: »Man würde gern mehr über die Aktivitäten dieser Leute zur Zeit des Ersten Weltkriegs erfahren.« Vgl. »How Europeans Adopted Anatolia and Created Turkey«, in: *European Review*, Jg. 13, 2005, Nr. 3, S. 386.

40 G. W. F. Hegel, *Vorlesungen über die Philosophie der Geschichte*, Hg. Eduard Gans, Berlin 1840 (2. Auflage), S. 383–384.

41 Henry und Robin Adams, *Rebel Patriot. A Biography of Franz von Papen*, Santa Barbara 1987, S. 375.

42 H. E. Erkilet, *Şark Cephesinde Gördüklerim*, Istanbul 1943, S. 218–223. Einladungen an türkische Militärs zur Besichtigung englischer Stellungen im Irak und Iran wurden ausgeschlagen; vgl. Lothar Krecker, *Deutschland und die Türkei im Zweiten Weltkrieg*, Frankfurt/M. 1964, S. 198.

43 Zu dieser Episode vgl. Frank Weber, *The Evasive Neutral. Germany, Britain, and the Quest for a Turkish Alliance in the Second World War*, Columbia und London 1979, S. 126–136 – wahrscheinlich die beste Studie über die türkische Diplomatie in dieser Zeit. Eine schwärmerische Würdigung von Ankaras Kurs während der Kriegsjahre findet sich bei Edward Weisband, *Turkish Foreign Policy 1943–1945*, Princeton 1973, und Selim Deringil, *Turkish Foreign Policy during the Second World War. An ›Active‹ Neutrality*, Cambridge 2004, wo gleich zu Beginn die recht naive Bemerkung steht: »Eine Untersuchung der türkischen Außenpolitik sollte sich in erster Linie auf die Archive konzentrieren.

Leider ist dies nicht möglich, weil das Gros des türkischen Archivmaterials Privatforschern nicht zugänglich ist.«(S. 7), aber nirgends die Frage erörtert wird, warum das so sein mag.

44 *Documents Secrets du Ministère des Affaires Étrangères d'Allemagne*, Paris 1946, S. 89; eine Übersetzung von sowjetischen Publikationen aus 1945 in Deutschland erbeuteten Archiven.

45 Zitat in: Poulton, *Top Hat, Grey Wolf and Crescent*, a. a. O., S. 120.

46 Vgl. *Cumhuriyet*, 25. Februar 1943. Der britische Botschafter Knatchbull-Hugessen informierte das Foreign Office: »Ich habe erfahren, dass der ursprüngliche Vorschlag, wie mit Talats Überresten zu verfahren sei, von Saracoğlu stammt, einem getreuen Spießgesellen des Präsidenten.« Vgl. Robert Olson, »The Remains of Talat: A Dialectic between Republic and Empire«, in: *Die Welt des Islams*, XXVI, 1986, S. 54. Der deutsche Diplomat und Drahtzieher Ernst Jäckh (er behauptete, Kemal habe ihm anvertraut, »er stehe auf den Schultern unseres gemeinsamen Jungtürkischen Freundes und Staatsmannes«) beschrieb die Szenerie in Istanbul: »Bei der Beerdigungsprozession vom Freiheitshügel zu Talats Ruhestätte auf türkischem Boden wurden hohe Kabinettsmitglieder von einer Volksmenge begleitet sowie von Truppen in Paradeuniform. Mir war zur Zeit seines Todes 1921 die ehrenvolle Aufgabe zugefallen, die Totenrede zu halten. Dieses Mal fiel diese Aufgabe unserem gemeinsamen Freund, dem Doyen der politischen Presse zu, Hussein Djahid Yalcin, der am offenen Grab Tränen vergoss und in seiner Person die Zeit der Jungtürken mit Atatürks Ära verband.« Vgl. *Der goldene Pflug. Lebensernte eines Weltbürgers*, Stuttgart 1954, S. 125, und ders., *The Rising Crescent*, New York 1944, S. 95.

47 »The Tragedy of the Turkish Left«, in: *New Left Review*, März–April 1981.

48 Zu einer klassischen Analyse dieser Konfiguration vgl. Çağlar Keyder grundlegende Studie *State and Class in Turkey*, London 1987, S. 122–125.

49 Speros Vryonis jr., *The Mechanism of Catastrophe. The Turkish Pogrom of September 6–7 1955 and the Destruction of the Greek Community in Istanbul*, New York 2005. Dort findet sich die vollständigste Schilderung der Ereignisse; zur Rolle von Menderes und Bayar vgl. S. 91–98.

50 Eine eindringliche Beschreibung der Geschehnisse findet sich bei William Weiker, *The Turkish Revolution 1960–1961*, Westport 1980, S. 14–20.

51 Auf ihrer Höhe, in der aufgeladenen Atmosphäre nach der Zypern-Invasion,
errang die CHP knapp 41 Prozent, gegenüber den vereinten Kräften von Demirel,
Türkes und Erbakan, die zusammen auf fast 52 Prozent kamen.

52 Vgl. Feroz Ahmed, *Turkey. The Quest for Identity*, Oxford 2003, S. 134–137.

53 *Religion, Society and Modernity in Turkey*, a.a.O., S. 217–219.

54 Vgl. Ece Temelkuran, »Headscarf and Flag«, in: *New Left Review*, Nr. 51,
Mai–Juni 2008, sowie Mehmet Ali Birand, *The General's Coup in Turkey. An
Inside Story of 12 September 1980*, London 1987, S. 212.

55 Vgl. Çağlar Keyder, »The Turkish Bell Jar«, in: *New Left Review*, Nr. 28,
July–August 2004, S. 67 ff.; Zürcher, *Turkey: A Modern History*, a.a.O.,
S. 306–312.

56 So zitiert in dem ausgezeichneten Essay von Osman Taştan, »Religion and
Religious Minorities«, in: Debbie Lovatt (Hg.), *Turkey since 1970. Politics, Eco-
nomics and Society*, New York 2001, S. 151.

57 Huri Türsan, *Democratisation in Turkey. The Role of Political Parties*, Brüssel 2004, S. 228; David Shankland, *Islam and Society in Turkey*, Huntingdon
1999, S. 30.

58 45 Prozent der Bauern im Gebiet um Diyarbakir und 47 Prozent in Urfa waren ohne Landbesitz: vgl. Ahmed, *Turkey. The Quest for Identity*, a.a.O., S. 163.

59 William Hale, *Turkey, the US and Iraq*, London 2007, S. 70.

60 Zum Ausmaß der Wirtschaftskrise und zu ihren sozialen Auswirkungen vgl.
Zülküf Aydin, *The Political Economy of Turkey*, London 2005, S. 123–125.

61 Vgl. Nihal Incioğlu, »Local Elections and Electoral Behavior«, in: Sabri
Sayari und Yilmaz Esmer (Hg.), *Politics, Parties, and Elections in Turkey*, Boulder 2002, S. 83–89.

62 Vgl. Erdoğans Rede vor dem American Enterprise Institute, »Conservative
Democracy and the Globalization of Freedom«, in: M. Hakan Yavuz (Hg.), *The
Emergence of a New Turkey. Democracy and the AK Party*, Salt Lake City 2006,
S. 333–340.

63 »Investing in Turkey«, in: *Financial Times*, Special Report, 18. Juli 2007, S. 1.

64 Cihan Tuğal, »NATO's Islamists. Hegemony and Americanisation in Turkey«, in: *New Left Review*, März–April 2007. Dieser Essay bietet eine hervorragende Analyse des Aufstiegs der AKP.

65 Vgl. Economist Intelligence Unit, *Report on Turkey*, April 2008, S. 15.

66 Ein scharfes Licht auf diese Episode wirft Saban Kardaş, »Turkey and the Iraqi Crisis«, in: Yavuz (Hg.), *The Emergence of a New Turkey*, a. a. O., S. 314–326.

67 Zu Öcalans bisweilen vielleicht von seinen Kerkerwächtern inspirierten Wortmeldungen aus dem Gefängnis vgl. Michael Gunter, *The Kurds Ascending*, New York 2008, S. 63–86.

68 Es existiert inzwischen eine beträchtliche Literatur über Gülen; zu dessen Ideen vgl. Berrin Koyuncu Lorasdağı, »Globalization, Modernization and Democratization in Turkey: The Fetullah Gülen Movement«, in: E. Fuat Keyman (Hg.), *Remaking Turkey*, Lanham 2007, S. 153–175.

69 Shankland, *Islam and Society in Turkey*, a. a. O., S. 170.

70 Zu dieser berühmt gewordenen Bemerkung, die in vielerlei Varianten kursiert, vgl. Ersin Kalaycıoğlu, *Turkish Dynamics. Bridge across Troubled Lands*, Basingstoke 2005, S. 165.

71 Sollten die Repressalien aufhören, könnte die kurdische Identität, selbst unter assimilierten Kurden, natürlich schnell wieder in den Vordergrund treten. Vgl. Henri Barkey und Graham Fuller, *Turkey's Kurdish Question*, Lanham 1998, S. 83. Die Bevölkerung nimmt in den kurdischen Provinzen des Südostens erheblich schneller zu als im Rest des Landes. Vgl. McDowall, *A Modern History of the Kurds*, a. a. O., S. 450.

72 Zur gegenwärtig zu beobachtenden Welle von Schriften, die Talat huldigen, vgl. Hülya Adak, »Identifying the ›Internal Tumors‹ of World War I; Talat Paşa'nin Hatiralari [Talat Paşa's Memoirs], or the Travels of a Unionist Apologia into ›History‹«, in: Andreas Bähr, Peter Burschel, Gabriele Jancke (Hg.), *Räume des Selbst: Selbstzeugnisforschung transkulturell*, Köln 2007, S. 167–168. Şakirs führender Festredner ist Hikmet Cicek, *Dr. Bahaettin Şakir. Ittihat Terakki'den Teskilati Mahsusa'ya bir Turk Jakobeni*, Istanbul 2004.

73 *Insan Haklari ve Ermeni Sotutnu: ittihat ve Terakki'den Kurtulus Savasina*, veröffentlicht von IMGE Kitabevi in Ankara. Vahakn Dadrian, der führende armenisch-amerikanische Forscher, veröffentlichte die erste Auflage seiner *History of the Armenian Genocide* – inzwischen in der siebten Auflage – 1995. Beide arbeiten inzwischen zusammen an einer Studie über die Istanbuler Prozesse.

74 Finkel, *Osman's Dream*, a. a. O., S. 534–536.

75 Henioğlu, *A Brief History of the Ottoman Empire*, a.a.O., S. 182.

76 Mango, *Atatürk*, a.a.O., S. 161.

77 Zürcher, *Turkey. A Modern History* (1993), a.a.O., S. 211; *Turkey. A Modern History*, a.a.O., (2004), S. 116.

78 Man vergleiche die Ausgabe von 1993 auf Seite 321 mit der von 2004 auf den Seiten 334–335.

79 »Turkey Pays for Sway in Washington«, in: *International Herald Tribune*, 18. Oktober 2007; Gephardt erhält für seine Dienste pro Jahr ein Honorar von 1,2 Millionen Dollar.

80 »Genocide Resolution Still Far from Certain«, in: *Los Angeles Times*, 21. April 2007.

81 Efraim Inbar, »The Strategic Glue in the Israeli-Turkish Alignment«, in: Barry Rubin und Kemal Kirişi (Hg.), *Turkey in World Politics. An Emerging Multiregional Power*, Boulder 2001, S. 123.

82 Europäische Kommission, *Turkey 2007 Progress Report*, Brüssel 2007, S. 14 und 28.

83 Ebd., S. 74–75.

84 »Indem sie beschloss, die Türkei habe die Kopenhagen-Kriterien erfüllt, hat die EU eindeutig versäumt, ihrer Verantwortung für die Kurden gerecht zu werden«: Kerim Yildiz und Mark Muller, *The European Union and Turkish Accession. Human Rights and the Kurds*, London 2008, S. 180–183.

85 *Europe's Next Frontiers*, Baden-Baden 2006, S. 116–117.

86 Rede vor dem Europäischen Parlament, 21. Mai 2008.

87 Michael Lake (Hg.), *The EU and Turkey. A Glittering Prize or a Millstone?*, London 2005, S. 11, 13 (Lake), 177 (Stone). Hakan Altinay huldigt hier der Unabhängigen Kommission.

88 »Europe Can Learn from Turkey's Past«, in: *Financial Times*, 12. Okt. 2005.

89 *The Great Game of Genocide*, a.a.O., S. 128.

90 »This Is the Moment for Europe to Dismantle Taboos, Not Erect Them«, in: *Guardian*, 19. Oktober 2006.

91 *Hitler 1889–1936: Hubris*, London 1998, S. 211. Zu Scheubner-Richter, der wie Rosenberg aus dem Baltikum stammte, vgl. Georg Franz Willing, *Ursprung der Hitlerbewegung*, Oldendorf 1974, S. 81–82, 197–198, 287–288.

92 Die beste Untersuchung stammt von Vahakn Dadrian, »The Comparative Aspects of the Armenian and Jewish Cases of Genocide. A Sociohistorical Perspective«, in: Alan Rosenbaum (Hg.), *Is the Holocaust Unique? Perspectives on Comparative Genocide*, 2. Aufl., Boulder 2001, S. 133–168.

93 Eine lebhafte Beschreibung findet sich bei Robert Holland, *Britain and the Revolt in Cyprus, 1954–1959*, Oxford 1998, S. 1–5; dieses außerordentliche Werk ist wahrscheinlich die beste historiographische Einzeluntersuchung auf dem Gebiet der Entkolonisierung. Während der Zwischenkriegszeit »kam über die Hälfte der Verwaltungsbeamten für die Insel aus Westafrika, wo sie üblicherweise ihre Karriere als Kadetten in Nigeria begonnen hatten.« George Horton Kelling, *Countdown to Rebellion: British Policy in Cyprus 1939–1955*, New York und London 1990, S. 12.

94 Tom Nairn, »Cyprus and the Theory of Nationalism«, in: Peter Worsley (Hg.), *Small States in the Modern World: The Conditions of Survival*, Nikosia 1979, S. 32–34. Weiterführendes zur Geschichte des Hellenismus auf Zypern findet sich bei Michael Attalides, *Cyprus. Nationalism and International Politics*, Edinburgh 1979, passim.

95 Zur Frühgeschichte der Partei vgl. Thomas W. Adams, *AKEL. The Communist Party of Cyprus*, Stanford 1971, S. 21–45.

96 Rede am 1. Juni 1956 in Norwich.

97 Eine eindringliche Beschreibung der Repressionsmaschinerie, die Karamanlis kontrollierte (abgesehen von Wählereinschüchterung und Wahlbetrug), findet sich bei Constantine Tsoukalas, *The Greek Tragedy*, London 1969, S. 142–152.

98 Holland, *Britain and the Revolt in Cyprus, 1954–1959*, a. a. O., S. 91.

99 Einzelheiten vgl. Brendan O'Malley und Ian Craig, *The Cyprus Conspiracy*, London 1999, S. 41–43.

100 Holland, *Britain and the Revolt in Cyprus*, S. 43

101 Ebd., S. 43.

102 Ebd., S. 52.

103 Ebd., S. 69

104 Menderes an Lennox Boyd, 16. Dezember 1956, zitiert ebd., S. 166.

105 Ebd., S. 194, 241.

106 Zu dieser Episode, die für alles, was folgte, entscheidend war, vgl. Diana Weston Markides, *Cyprus 1957–1963. From Colonial Conflict to Constitutio-*

nal Crisis. The Key Role of the Municipal Issue, Minneapolis 2001, S. 21–24 ff.,
159–160.

107 Holland, *Britain and the Revolt in Cyprus*, a. a. O., S. 251, 288.

108 Vgl. die lebhafte Darstellung dieser Auseinandersetzung bei Stephen G. Xydis, *Cyprus. The Reluctant Republic*, Den Haag und Paris 1973, S. 238–241.

109 Eine gute kritische Analyse findet sich bei Polyvios Polyviou, *Cyprus. Conflict and Negotiation*, London 1980, S. 16–25.

110 Holland, *Britain and the Revolt in Cyprus*, a. a. O., S. 303–306.

111 Ebd., S. 336.

112 Dieses Argument wird gut herausgearbeitet von Robert Stephens, *Cyprus. A Place of Arms*, London 1966.

113 Im Lager der griechischen Rechten, wo man sich schmerzlich der Zeiten vollkommener Übereinstimmung mit Washington erinnerte, wurde dies später zur großen »verpassten Gelegenheit« für eine Besiedlung von Zypern stilisiert; vgl. Evanthis Hatzivassiliou, *Greece and the Cold War. Frontline State 1952–1967*, London 2006, S. 181–183 – eine umfassende Apologie des Karamanlis-Regimes, mit abfälliger Kritik an Papandreous sinnlosen Abweichungen von dieser Linie.

114 Laurence Stern, *The Wrong Horse*, New York 1977, S. 84.

115 O'Malley und Craig, *The Cyprus Conspiracy*, a. a. O., S. 112.

116 Stanley Mayes, *Makarios. A Biography*, London 1981, S. 184.

117 Zu dieser Periode vgl. die eindringliche Darstellung bei Attalides, *Cyprus. Nationalism and International Politics*, a. a. O., S. 104–137 – immer noch die intelligenteste Analyse der Spannungen innerhalb des zypriotischen Hellenismus.

118 Bei Mayes findet sich eine spannende Beschreibung dieser Monate: *Makarios. A Biography*, a. a. O., S. 202–241.

119 Christopher Hitchens, *Cyprus*, London 1984, S. 136.

120 Zitat in O'Malley und Craig, *The Cyprus Conspiracy*, a. a. O., S. 225.

121 Zu diesen Vergleichen siehe auch: Economist Intelligence Unit, *Cyprus. Country Profile 2008*, S. 25; *European Community Statistics on Income and Living Conditions*, Januar 2008; EIRonline, *Trade Union Membership 1993–2003*.

122 Die restlichen fünf Prozent gehören zur UN-Pufferzone und den britischen Militärbasen.

123 Zu diesem Wendepunkt, der die Türkei wie für Griechenland unbefriedigt ließ, vgl. Christopher Brewin, *The European Union and Cyprus*, Huntingdon 2000, S. 21–30.

124 David Hannay, *Cyprus. The Search for a Solution*, London und New York 2005, S. 50, 85.

125 Ebd., S. 105.

126 Hannay, *Cyprus. The Search for a Solution*, a. a. O., S. 175.

127 Ebd., S. 206.

128 Der Text der Rede findet sich bei James Ker-Lindsay, *EU-Accession and UN Peacemaking in Cyprus*, Basingstoke 2005, S. 194–202.

129 1995 verurteilte der Europäische Gerichtshof für Menschenrechte die Türkei zur Zahlung von 468 000 Pfund an Tina Loizidou, eine griechische Zypriotin, die im Verlauf der Okkupation ihren Besitz in Kyrenia verloren hatte. Nach vielem Hin und Her willigte Ankara schließlich in die Zahlung ein. Für den Hannayplan war es von entscheidender Bedeutung, dass weitere Bewilligungen dieser Art vonseiten europäischer Gerichte künftig unterblieben – eine Schätzung möglicher Wiedergutmachungsforderungen aufgrund von Eigentumsverlusten im Norden der Insel kam auf 16 Milliarden Dollar. Vgl. William Mallison, *Cyprus. A Modern History*, London und New York 2005, S. 145, der bemerkt, dass diese Summe in etwa dem letzten IWF-Kredit für die Türkei entspricht. Zu weiteren bei Europäischen Gerichten anhängigen Fällen vgl. Van Coufoudakis, *Cyprus. A Contemporary Problem in Historical Perspective*, Minneapolis 2006, S. 90–92.

130 Vgl. Claire Palley, *An International Relations Debacle. The UN-Secretary-General's Mission of Good Offices in Cyprus 1999–2004*, Oxford 2005, S. 70, die führende internationale Studie der UN-Pläne; sie enthält detaillierte Vergleiche der einzelnen Varianten auf insgesamt dreißig Seiten: S. 277–314.

131 Hannay, *Cyprus. The Search for a Solution*, a. a. O., S. 134, 172.

132 Zentralfigur in Anthony Powells Romanzyklus *A Dance to the Music of Time* (1951–1975), Phänotyp des Opportunismus.

133 Vgl. Ker-Lindsay, *EU Accession and UN Peacemaking in Cyprus*, a. a. O., S. 113, der sich im gleichen Sinne äußert.

134 Zu diesen Zahlen vgl. Coufoudakis, *Cyprus: A Contemporary Problem in Historical Perspective*, a. a. O., S. 46.

Perry Anderson, geboren 1938, lehrt in Los Angeles Geschichte an der University of California. Er ist nicht nur der Verfasser bedeutender Werke zur *longue durée* der europäischen Geschichte, sondern auch einer der einflussreichsten politischen Essayisten, die Großbritannien nach dem Krieg hervorgebracht hat. Seine Beiträge erscheinen regelmäßig in der *London Review of Books* und in der *New Left Review*, deren Herausgeber er lange Jahre war. Auf deutsch sind erschienen *Von der Antike zum Feudalismus* (1978), *Über den westlichen Marxismus* (1978)und *Die Entstehung des absolutistischen Staates* (1979). In dem von Franco Moretti herausgegebenen Sammelwerk zur Romanform (*Il Romanzo*, II, Turin 2002) schrieb Perry Anderson über Montesquieus *Persische Briefe*.

Die Originaltexte erschienen in der *London Review of Books*
(»Kemalism« am 11. September 2008, »After Kemal« am 25. September 2008,
»The Divisions of Cyprus« am 24. April 2008).

© 2008 Perry Anderson
© 2009 der deutschen Übersetzung: Berenberg Verlag, Ludwigkirchstraße 10a,
10719 Berlin

Ausstattung | Gestaltung: Groothuis, Lohfert, Consorten | glcons.de
Gesetzt aus der Sabon und der Univers
Fotos: Einbandvorderseite, Einbandrückseite und Frontispiz von ullsteinbild
Reproduktion: Frische Grafik, Hamburg
Druck und Bindung: CPI – Clausen & Bosse, Leck
Printed in Germany
ISBN 978-3-937834-31-3